A importância da vida presente, tão triste, tão curta, tão efêmera, apaga-se diante do esplendor do futuro infinito que se abre diante dele. A consequência natural, lógica, dessa certeza, é a de sacrificar um presente fugidio a um futuro durável, ao passo que antes sacrificava tudo ao presente. Tornando-se a vida futura o seu objetivo, pouco lhe importa ter um pouco mais ou um pouco menos neste; os interesses mundanos são os acessórios, em lugar de serem o principal; ele trabalha no presente tendo em vista assegurar a sua posição no futuro, além disso, sabe em que condições pode ser feliz.

Obras Póstumas, Allan Kardec, em "O egoísmo e o orgulho", Ide Editora.

FICHA CATALOGRÁFICA

(Preparada na Editora)

Jacintho, Roque, 1928-2004.

J13v   *Vida Futura*/ Roque Jacintho. Araras, SP, IDE, 1ª edição, 2017. (Edições Luz no Lar, São Paulo, SP)

224 p.

ISBN 978-85-7341-701-2

1. Mensagens. 2. Espiritismo I. Título.

CDD -869.935
-133.9

Índices para catálogo sistemático

1. Mensagens. Literatura brasileira 869.935
2. Espiritismo 133.9

Vida futura

Copyright © 2017,
Instituto de Difusão Espírita - IDE

Direitos licenciados pelo
*Núcleo de Estudos Espíritas
"Amor e Esperança" - Luz no Lar*
Rua dos Marimbás, 220 - Vila Guacuri
CEP 04475-240 - São Paulo (SP) - Brasil

1ª edição - 5.000 exemplares - fevereiro/2017

ISBN 978-85-7341-701-2

Conselho Editorial:
*Doralice Scanavini Volk
Orson Peter Carrara
Wilson Frungilo Júnior*

Coordenação:
Jairo Lorenzetti

Revisão ortográfica:
Mariana Frungilo Paraluppi

Capa:
César França de Oliveira

Diagramação:
Maria Isabel Estéfano Rissi

INSTITUTO DE DIFUSÃO ESPÍRITA - IDE
Av. Otto Barreto, 1067 - Cx. Postal 110
CEP 13600-970 - Araras/SP - Brasil
Fone (19) 3543-2400
CNPJ 44.220.101/0001-43
Inscrição Estadual 182.010.405.118
www.ideeditora.com.br
editorial@ideeditora.com.br

Todos os direitos reservados. Nenhuma parte desta publicação pode ser reproduzida, armazenada ou transmitida, total ou parcialmente, por quaisquer métodos ou processos, sem autorização do detentor do copyright.

Vida futura

Roque Jacintho

ide *em parceria com* LUZ NO LAR

Sumário

1 - Nossa cruz 9
2 - O consolador 14
3 - Com fé 17
4 - Procure 20
5 - A paz 23
6 - No mundo 27
7 - Noticiário 31
8 - Da ação 34
9 - Reforma no mundo 38
10 - Vida atual 41
11 - Na evolução 45
12 - O progresso 48
13 - Que se espera 51
14 - Automartírio 55
15 - Reencarnação 58
16 - Destino 61
17 - Os maiores 65
18 - Espíritos de Luz 68
19 - Não fui hoje 72
20 - Medicamentos 75
21 - Clima mental 79
22 - A caminho do bem 82

23	- Valores	85
24	- Disputas	88
25	- No lar	91
26	- Experimente	94
27	- Antes, porém	98
28	- Pais	101
29	- Dar-se	104
30	- A hora	106
31	- Posições	110
32	- Anemia de amor	113
33	- Jornal	117
34	- Nem só de pão	120
35	- Assistência	123
36	- Falso sentimento	126
37	- Quem	130
38	- Vaidade	134
39	- Não confundir	138
40	- Contenha	142
41	- Ofensa	146
42	- Resignação	149
43	- Companhias	152
44	- Remédio e cura	155
45	- Deveres e direitos	158
46	- Seu relógio	162
47	- Justiça	165
48	- Fraquezas	169
49	- Viajores	173
50	- Crianças	177
51	- Princípios	180
52	- Contrastes	183
53	- Pequenas realidades	186
54	- Sinais	189
55	- Temas atuais	192
56	- Como fazer	196
57	- Tempo de espírita	200
58	- Vença o Umbral	203
59	- Jornais	207
60	- Reajuste espiritual	211
61	- Haja em você	215

Nossa cruz

Capítulo 1

Estamos na frígida e árida paisagem umbralina.

À nossa volta, um nevoeiro denso que empana a visão e não nos permite identificar os comparsas que emitem gritos estertorosos, qual se um punhal lhes penetrasse a consciência, revolvendo chagas ocultas.

Era o encontro com a Vida.

Fomos impelidos a reconsiderar os gestos, a medir as atitudes, a ponderar os desvios morais. Gememos sob a vergonha de ver a nós mesmos, sem poder atribuir a angústia que nos possuía a influências estranhas.

Quadros se sucederam, fazendo ressurgir o passado:

– as pecaminosas tramas que urdimos;

– os enganos que dizíamos ser involuntários;

– as vítimas de nossos desvarios;

– os frutos de nosso orgulho;

– as loucuras de nosso egoísmo.

Os desafetos, cujas imagens se jungem a nosso íntimo como eternos-presentes, clamam por Justiça. Sequiosos de vingança, ampliam a nossa dor, quais famélicos gaviões de afiadas garras.

Lacrimejamos!

Já não somos o que éramos!

A peso de sofrimento, quedamos genuflexos.

Rogamos ao Céu que nos conceda moratória aos débitos infamantes; que nos favoreça com tempo e oportunidade para resgatarmos integralmente o pretérito.

Na ânsia que enlouquece, suplicamos permitam-nos regressar à Terra num corpo que retrate o nosso desajuste, qual colegial que envergará o uniforme apropriado ao curso que lhe faculte escalar outros planos da existência.

Mãos bondosas balsamizaram-nos.

Por entre lágrimas, vimos os raios da Esperança.

Espíritos amigos ofereceram-nos a destra, abraçando-nos e amparando-nos. Recolheram os rogos lamuriantes com ternura infinita, prometendo que seríamos atendidos.

Exibiram-nos o mapa reencarnatório próximo, assegurando que o regresso sempre se realiza dentro de quadros que se ajustem às nossas energias. Nada além do que possamos vencer com a ação da vontade. A correção do destino, sob o amparo da Misericórdia Divina.

– Bastará que você renuncie os propósitos desajustados. Eles nascerão no seu íntimo, como a voz do passado. Mas a resignação lhe tornará leve o fardo das expiações. A piedade lhe inspirará o melhor caminho.

Foram os conselhos finais, no dealbar da reencarnação.

E hoje estamos vivendo os lances do aprendizado.

Rebeldes, porém, às lições de que mais carecemos, atiramo-nos contra os obstáculos, querendo destruí-los. Eles são, todavia, as montanhas que impedem nos precipitemos nos abismos de ontem.

O passado mal vivido veio à tona!

Frequentemente, então, explodimos, aspirando por paixões amargosas, ignorando as consequências inevitáveis dos desatinos.

Oh! Jesus bondoso!

Até quando lacrimejaremos pelos caprichos de crianças daninhas, se frustrações são os perigos que seus Divinos Mensageiros afastam de nossa existência, ajudando-nos para que não agravemos compromissos inda não resgatados?

Ampara-nos, Senhor!

Possamos tomar a cruz de nossa peregrinação terrena, abandonando o umbral de nossas paixões. Que não nos rendamos às aspirações desequilibradas.

Aceitemos o trabalho que retempera, a resignação que eleva, a indulgência que redime, a esperança que alenta, a caridade que constrói, o amor que edifica.

Testemunhemos o Céu em nós!

Possamos, Mestre Amigo, chorar na Terra e sorrir na Espiritualidade Maior!

O consolador

Capítulo 2

Você atravessa difícil quadra na vida.

Em decorrência dos problemas que se avolumam, impondo solução urgente, você se deixa vencer pelo desalento e procura distanciar-se voluntariamente da Doutrina que abraçou.

As suas alegações são respeitáveis.

Não se afaste, porém, justamente agora.

Lute para reequilibrar-se.

A coletividade Espírita seguirá precisando de você, porque outras criaturas aprisionadas pela angústia e pelo desespero ainda não atingiram o degrau de compreensão que o beneficia.

Elas urgem pelo seu concurso.

Batalhe para vencer-se.

Você precisa reagir.

Observe que é justamente nesse instante crucial que Jesus toma a sua configuração sublime de Consolador. Ele distribui a luz do amor em seu caminho, sem indagar se as suas dores de hoje são decorrência de vidas pretéritas ou singelos enganos da presente.

Certo é que você não evitará de ouvir palavras ásperas, referências impiedosas, salpicando-lhe esse momento amargoso. Exigem de você uma posição de permanente equilíbrio. Não olvide, porém, que os que assim agem são crianças espirituais. Eles sustentam caprichos em nome do zelo. Não conseguem se recordar do dia em que a Providência Divina as recolheu de situações igualmente sombrias.

Reflita e supere-se.

A hora é a da prova.

Muitos corações estão a envolvê-lo em preces.

Faça-se presente, vivendo a sua fé, vencendo as atribulações que lhe dominam a alma, sufocando-lhe a vontade. Não procure outros meios, outros climas, que aparentemente lhe poderiam anestesiar o coração, mas que são desvãos de fugas com consequências imprevisíveis.

Diante do obstáculo é que o engenheiro revela aptidão.

No caso difícil é que a ciência aparece.

A tempestade é o desafio ao timoneiro.

Recolha, na dificuldade, a lição do trabalho incessante. No labor espiritual, canalize todas as suas energias. Será na fidelidade ao Evangelho, na afloração de problemas difíceis, que se temperará a fibra dos obreiros do Senhor.

Com fé

Capítulo 3

Provisione-se de fé na Misericórdia Divina.

Você poderá ter obstáculos difíceis:

– a enfermidade da alma querida poderá tomar a configuração de um enigma, cuja solução não se encontra nas pautas da Ciência...

Com fé, porém, o equilíbrio estará mais próximo.

– o comportamento do cônjuge poderá estar em conflito com o clima de harmonia desejável, repelindo todo reajuste pacífico...

Com fé, todavia, a paz se avizinhará.

– um ímpeto interior poderá tê-lo remetido contra companheiros de caminhada e, mesmo aspirando disciplinar-se, nem sempre você consegue vencer-se na hora crítica...

Com fé, contudo, o autodomínio aparecerá.

– credores incompassivos poderão estar no seu encalço, envolvendo-o com o verbo que desencadeia crises de angústia, sem que as soluções apareçam...

Com fé, no entanto, você superará os empeços.

Os desafios naturais que se levantam no seu caminho, sejam aqueles que surgem independentemente de sua ação, sejam os consequentes de sua incúria ou inexperiência, poderão ser vencidos se, no átrio de sua alma, acender-se a luz do amor e da espiritualidade: a fé.

Fé – confiança.

Fé – amor.

Fé – cultivada conscientemente.

Fé – expressa em obras de caridade.

A fé não é simples enunciado verbal que nasce e morre em seus lábios. É serenidade nos momentos de dor; esperança nos instantes de crise; operosidade que persiste, quando muitos já desertaram do campo de luta redentora.

Porfie por conquistá-la, no grande esforço de sua existência, a fim de poder usufruir-lhe os benefícios invisíveis e inigualáveis.

Procure

Capítulo 4

Entre os que se matriculam na escola terrena, como que se nivelando ao ambiente comum, você encontrará:

– os que oram em silêncio, pelos desafetos;

– os que realizam a obra de reforma íntima, superando falhas de caráter que traziam de distantes eras;

– os que não se rendem ao mundo e abandonam hábitos e vícios tidos por elegantes, quando refletem deficiências de conduta cristã;

– os que não se deixam vencer por provações e expiações, sabendo suportá-las com proveito espiritual;

– os que apagam discretamente as lágrimas dos próprios olhos, quando se defrontam com as dores de seus semelhantes, mas nunca passam a largo do sofrimento e sabem oferecer o seu amparo sem alarde;

– os que amam, sem jactar-se do sentimento, traçando roteiros de regeneração com seus exemplos;

– os que ofertam pão ao faminto, roupa ao desnudo, sem negar-lhes a luz da orientação que lhes promoverá o reequilíbrio indispensável;

– os que empregam suas horas de lazer no amparo aos semelhantes;

– os que sustentam conversação edificante e semeiam pensamentos nobres, mesmo quando convocados às futilidades, sem, contudo, constranger a quantos os cercam.

Eles não estarão isentos de enganos. Poderão repartir-se nas pequenas falhas de suas anteriores existências. Não são, por conseguinte, Anjos ou Espíritos Puros, na expressão sublime do termo. Mas são, embora algumas falhas, os bons Espíritos morando entre nós, em cuja esteira luminosa poderemos seguir no rumo da Esperança.

Trazem o fundamento do Reino no coração.

Você poderá identificá-los no cotidiano.

Debaixo da roupagem de um homem vulgar, você poderá descobrir os traços inconfundíveis do Evangelho vivo. E, desse momento em diante, você poderá ampará-los e segui-los, dignificando-se com a sua companhia.

A paz

Capítulo 5

O que você procura no mundo?

– A paz!

Indispensável, então, deter-se diante dos diversos conceitos de paz, definindo a sua procura. Deverá, talvez, corrigir o seu roteiro pela bússola do Evangelho, a fim de conduzir-se com segurança.

Existe a paz dos inertes.

É a omissão nos campos da vida. Finda por gerar irreversível alienação, remetendo-o ao abrigo de sanatórios ou provocando o seu isolamento nos umbrais da própria sociedade terrena.

Existe a paz dos inconscientes.

A peso de vãs justificativas, você poderá tranquilizar momentaneamente o coração, locupletando-se com os bens alheios, dilapidando viúvas e órfãos. Terminará, porém, a braços com o desequilíbrio espiritual.

Existe a paz dos delinquentes.

Fugindo da ação da Justiça Humana, um dia serão acolhidos nas prisões de suas consciências, impelidos a reeducar-se compulsoriamente por atos que permaneceram ignorados por quase todos.

Existe a paz dos ambiciosos.

Após viverem os delírios do poder e da posse, acordam em espetaculosas obsessões, com suas vítimas a clamar por vingança.

Existe a paz dos déspotas, dos usurários, dos usurpadores de bens públicos, dos aviltadores da fé, dos falsos líderes de povos, dos preguiçosos, dos maledicentes, dos caluniadores, dos orgulhosos, dos egoístas...

Mas você, felizmente, aspira a paz autêntica.

Ela se encontra com Jesus.

Com o Mestre, a paz cobra, preliminarmente, o preço de sua reforma íntima, com renúncia de hábitos viciosos, com disciplina da língua, com educação dos olhos compromissados na malícia, com renovação da audição que se banha de falsos louvores.

A paz, então, já não é a satisfação de seus caprichos pessoais; não é a inércia que deteriora; não é a inconsciência da vida; não é o império sombrio da delinquência; não é a ambição satisfeita; não é o cume que se escala pisando sobre aqueles que lhe cercam.

É trabalho constante, com esquecimento de si mesmo.

Um pedreiro, chamado a construir, enfrentará sol a pino; registará as bátegas dos vendavais; abençoará a abundância do material, mesmo quando este lhe atrite a epiderme; penetrará charcos e lodaçais, para que o solo se torne o leito de uma nova casa.

Assim você procederá também.

Confiar-se-á ao desempenho das tarefas que estiverem à sua frente, sem temê-las, para fundear a sua própria paz, porque, mesmo enfrentando intempéries espirituais, estará edificando a tranquilidade de consciência que deseja para si e para o mundo.

No mundo

Capítulo 6

Chamado à ribalta do mundo, para as lições da Dor, na regeneração de seu passado não distante, você busca a solução de grandes questões que se vêm acumulando dia a dia.

Promotores da desarmonia social, enceguecidos pelos seus problemas particularistas, assoberbados pelo anseio de domínio e de mando, erigem artificiosos sistemas, tentando aliciar os menos avisados, a fim de torná-los degraus de seu apogeu, nos dramas da evolução coletiva.

Artistas compromissados com planos menos felizes reproduzem, das telas de sua imaginação, as cenas umbralinas de que se impregnaram. Externam suas anomalias, anunciando que abrem novos caminhos e fundam novas escolas, divorciando-se da beleza e sufocando as inspirações superiores, na disputa de recompensas imediatistas e na exibição de seu orgulho, na vitrine da vaidade.

Criaturas há que, dispondo de rara oportunidade de burilar a inteligência, abandonam a tarefa que lhes exige dedicação e carinho, abraçando-se às aventuras do sexo indisciplinado, agitando-se sem construir, querendo sem realizar, disputando direitos sem cumprimento de deveres.

Operários, chamados à escola das oficinas, onde aprenderão a humildade operosa, deixam-se enovelar por induções menos felizes, rebelando-se contra os mordomos de recursos financeiros. Lutam para extinguir a desigualdade de posses, sem observar a natural desigualdade de aptidões. De sonho, atrelam-se a pesadelos, gerando ódio, promovendo discórdia.

Nações que receberam o cetro da maioridade política ou financeira são, amiúde, capitaneadas por homens que se perturbam e se confundem. Embalam a ânsia de grandes conquistas, patrocinando guerras, no louco desespero da posse transitória.

Todos eles, no fundo, anseiam por mundo novo.

Todos alardeiam a solução dos velhos enigmas humanos.

Defendem, na plataforma do verbo, propósitos sadios.

A realidade, porém, é que, desconhecendo o Evangelho, ignorando a mensagem redentora de Jesus, Você mais e mais se distancia de viver as soluções dos desafios milenares, multiplicando dores.

À luz do Evangelho-redivivo, contudo, as angústias dos séculos se dissolveriam, à medida que o amor fosse consagrado como solução para todas as angústias.

Sem amor, todas as aspirações terminam por fundir-se ao Mal e todos os movimentos se tornam agitação, incapazes de liberar você do egoísmo e do orgulho.

Amor ao semelhante – a divisa do novo mundo.

Noticiário

Capítulo 7

A grande Imprensa, por vezes ajustando-se ao desvario da multidão, rende-se à narrativa aviltante. Suas manchetes gritam, no crepe das tintas:

– crimes...

– assassinatos...

– suicídios...

– calúnias..

O noticiário, contudo, nem sempre é impessoal.

Não raro, próximo de sua residência

ou dentro mesmo de sua família, a violência surgiu como extremada ação para uma aparente solução de pendências difíceis. Regurgitou, então, para as páginas dos periódicos, trabalhada por profissionais ávidos do tétrico.

E o povo comenta.

As rodas jocosas se formam.

Ninguém se lembra da prece pela vítima.

O aparente algoz é tripudiado.

Só a ironia ganha rédeas e se solta desabrida pelos campos do comentário leviano, estraçalhando corações doloridos e ferindo almas que gemem sob o guante da tragédia inesperada.

Mal sabe o ironista, porém, que, dessa forma, situa-se na mesma onda da delinquência, engendrando nefastos crimes mentais, quiçá mais graves e dolorosos do que aqueles que a loucura subitânea ou a obsessão tenaz secundou.

Diante, portanto, das manifestações de desequilíbrios psíquicos e de demência pronunciada, sofreie o verbo, não permitindo que as suas palavras se tornem setas envenenadas, arremessadas ora contra quem delinquiu, ora contra quem foi violentado pelo mal.

Sempre lhe caberá relembrar Jesus, nos sucessos do mundo, quando instado a manifestar-se sobre aquela que adulterara:

– Quem estiver sem pecado atire a primeira pedra.

Se o mundo ainda se compraz em retalhar os participantes das tragédias humanas, num esquartejamento espiritual de seus personagens, deverá você, Espírita-cristão, ofertar o tributo do silêncio e a bênção da prece fervorosa, balsamizando as chagas morais do seu próximo.

Da ação

Capítulo 8

Quando você se aproximou da área Espírita-cristã, assim que se defrontou com a dor de seu semelhante, revelou o estágio de evolução em que se encontrava:

– sentindo a dor, precipitou desejos;

– desejando, relacionou pensamentos;

– pensando, articulou o verbo;

– falando, exprimiu planos de ação.

A ação, por conseguinte, é filha de um laborioso processo de maturação espiritual. Surge em seu mundo como a maior conquista da alma. As fases que a antecedem: o sentimento, o desejo, o pensamento, a palavra – devem ser estudadas por processos de gestação da atividade que, um dia, virá à luz.

Diante do Bem a que você foi chamado a corporificar, analise o seu desenvolvimento espiritual, a fim de retificar-se, quando necessário:

– se sente, sem desejar o melhor;

– se deseja, sem confiar-se à reflexão;

– se articula ideias, sem externá-las jamais;

– se fala, sem realizar.

Só o bem realizado é expressão do Evangelho-redivivo.

* * *

Alguns homens, um dia, levantaram-se para denunciar a existência da miséria em nosso mundo – e foram admirados.

Outros se debruçaram a catalogá-la

como uma das grandes injustiças humanas – e foram aplaudidos.

Muitos, após isso, projetaram magníficos planos para sanear os desníveis – e foram elogiados.

Poucos, porém, ajustando-se às realidades do Evangelho e da Vida, acercam-se dos que sofrem, para lhes ofertar migalhas que sejam, da própria despensa, recursos mínimos que amealham com o próprio sacrifício – e são seguidos em silêncio.

Se uns denunciam, outros classificam e alguns planejam com admirável brilhantismo, estimulados por aplausos, admiração e elogio. Você deve seguir silenciosamente, na corporificação do Bem, porque a você não cabe disputar as emoções do mundo.

***

Não se detenha.

Se você sustar a marcha da caridade, a fim de ajustar argumentos para responder aos que lhe despejam o cajado, a fome martirizará chefes de família e muitas criancinhas não sugarão a seiva materna para o alento da própria vida.

Nenhum arrazoado demoverá os críticos habituais.

Eles trazem, nos ouvidos, a zoeira de seus próprios planos, desocupados de realizá-los a qualquer tempo.

O seu compromisso de ação é com Jesus.

Reforma no mundo

Capítulo 9

O mundo precisa de reforma!

Não padece dúvida que, à simples e superficial análise que você empreenda, aceitará de pronto que o mundo é carente de uma reformulação de seus quadros morais, a fim de apropriar-se às Leis Divinas.

Identificando tal necessidade – que o Espiritismo revela ser originária da livre circulação do egoísmo e do orgulho –, você não deverá se ajustar na atitude de quem pretenda reformar o "mundo dos outros", clamando contra os vizinhos; rebelando-se contra os que lhe fornecem teto, alimentação, agasalhos; azucrinando os administradores dos bens públicos; fermentando rancor aos patrões; condenando os dirigentes que respondem pela hierarquia indispensável para o progresso na Terra.

Essa não é medida reformista.

Você não é obreiro convocado a exterminar com o defeito alheio. Deverá, em verdade, combater os seus próprios enganos. Na sua autorreforma, estará a garantia de mudança do panorama que o cerca.

Indague-se, portanto, se já está exercitando o amor:

– se socorreu o parente difícil;

– se amparou o filho-problema;

– se estimulou o amigo que resvalou pelo erro;

– se suportou o companheiro que o censurou;

– se tolerou os maledicentes;

– se foi indulgente com quem lhe deu prejuízos;

– se atendeu o pobre que lhe bateu à porta do coração;

– se amou a criança que não lhe é simpática;

– se não espancou os obsessores;

Você é um combatente contra o egoísmo e o orgulho que medram no seu mundo íntimo. Somente se houver, por conseguinte, substancial modificação de suas atitudes pessoais, usando de rigor consigo mesmo, você poderá aspirar por um mundo reformado.

A reforma deve começar por você.

Vida atual

Capítulo 10

Você não é levado a experiências desnecessárias.

Os Espíritos matriculados no educandário terreno movem-se no panorama da sementeira feita ontem. Em decorrência, você está dentro dos quadros que elegeu como os mais ajustados para promover a sua redenção espiritual.

As quedas são de sua responsabilidade.

Você poderá alegar que o meio ambiente o confrange e que, hoje, sente tentações maiores e mais avassalantes. Dirá que se enfraquece diante das portentosas demonstrações de impiedade, dos gestos abertos de egoísmo, dos delírios do orgulho. Falará que a cultura se tornou instrumento de opressão, que a educação foi relegada a plano secundário; que os interesses pessoais estão sobrepostos às necessidades coletivas; que as loucuras bélicas e os frêmitos de rancor sacodem as colunas da civilização.

Ninguém negará ser esse o quadro da realidade.

E você dirá que, aí, é difícil ser virtuoso.

Contudo, vale recordar que o comportamento global é um resultado das aspirações individuais. Não haveria conturbação se você não estivesse turbilhonado por dentro. E esse mundo que você teme é a exteriorização de seus atos, expressão de suas criações mentais. É um panorama contristador, mas que só se modificará quando você permitir que o amor cresça em seu coração.

O meio que o cerca, influindo em suas resoluções, não determinará a sua atitude, salvo se lhe faltar coragem para dar vida aos seus ideais. Vencer, pois, dentro do estágio de perturbação, é decisivo para consolidar-lhe a personalidade Espírita-cristã. Quando você se domina, enquanto tudo à sua volta induz ao desequilíbrio, demonstra a sua verdadeira confiança no Alto, a sua integração aos programas do Senhor Jesus.

As chagas de sua alma – os chamados traumas – não serão provocados pelo bombardeio psíquico que vem de fora. A sua ferida mal cicatrizada, aberta no passado, quando não cauterizada pela atuação da sua vontade e pelo bálsamo do Evangelho, poderá ser revolvida e aberta, exposta aos miasmas de suas preferências ilusórias.

O Espiritismo está ao seu alcance.

A Providência Divina, muito antes que você vivesse os estertores desta civilização que se finda, remeteu-lhe o Consolador. Dava-lhe amparo, para o clímax de suas dores.

A sua vontade é a poderosa alavanca que, apoiada no Cristianismo-redivivo, removerá todos os obstáculos. Você terá trânsito livre para dirigir-se a um mundo melhor. Sem exercitá-la, contudo, pedregulhos lhe parecerão montanhas; as mais leves depressões do caminho terão profundidade abismal; a sementeira será de incógnitas insolúveis; a sua dor será ampliada pela imaginação doentia, e você se mortificará nos acúleos criados por você mesmo.

Na evolução

Capítulo 11

O caminho da evolução é longo.

Inicia-se na intimidade de sua alma, estendendo suas radiais através dos séculos, seguindo na direção de planos espirituais superiores.

O seu crescimento é gradativo.

Não se realiza aos saltos, nem com interrupções subitâneas e estranhas aos quadros das Leis Naturais. Você não se santificará no curso de alguns dias, mas não permanecerá estacionado indefinidamente.

Persista, por isso, no campo do Bem.

As hesitações e as quedas, as aspirações e os sonhos nascem e crescem no átrio de sua consciência. Pedirá a sua permanência ativa na área da caridade, a fim de que o Amor o ajude a vencer as suas limitações.

Se você não deve se apressar, embora a premência de sua reforma íntima, não deverá exigir daqueles que partilham de sua caminhada rumo ao Infinito que, num átimo, transportem-se da lama para o Céu.

Eles também contam com o favor do tempo.

Tal qual você roga a compreensão divina para os seus desvarios, na forma de amizade que ampara e estimula, oferte aos que cruzam os seus caminhos o carinho que pede para você mesmo.

Você não poderá obrigá-los a incorporar no patrimônio íntimo virtudes que só agora despontam na nebulosa de suas paixões, mal refeito que você se encontra, ainda, das sensações de que se alimentava no cotidiano.

Ilumine a todos, sem impaciência.

Ampare os que caíram, sem azedume.

Sustente as aspirações iniciantes, sem exigências.

Respeite os sonhos, por preâmbulos de ideais.

Seja o Amor, em você, divina luz a clarear aqueles que ombreiam consigo na condição de parente, de amigo, de companheiro, de opositor, de caluniador ou de inimigo, sem lhes pedir que apresentem asas de anjo, para fazerem-se credores de sua simpatia.

O progresso

Capítulo 12

Você se reconhece egoísta e orgulhoso.

Embora anotando as deficiências espirituais que carrega consigo – que a Doutrina Espírita ajuda a analisar –, você encontrará sempre, na obra do Consolador, o exato rumo para sua recuperação integral.

Ninguém lhe exige santificação imediata.

Toca-lhe assenhorear-se das lições que a Vida lhe proporciona, a fim de garantir-se de uma autêntica e consciente redenção espiritual.

A perfeição lhe chega, a pouco e pouco, à semelhança de um sol que vara as brumas da madrugada em clarões pálidos, para só após os ensaios das primeiras luzes despontar em majestosa fonte de Vida, espancando as trevas.

A lição da disciplina e da humildade, você irá buscá-la, vida após vida, no mergulho da infância. Aí será compelido a olvidar o passado e a desligar-se dos quadros de paixões que acalentava. Desmaiado de suas aspirações injustas, do dia que se findou, a infância é a humildade e a disciplina que lhe chegam após as tormentas do egoísmo e do orgulho.

Virá, depois, a maturidade.

Infância e maturidade – épocas de encontro consigo mesmo.

Não se desalente, portanto.

Se há muito a conquistar para a sua

vida, você contará com a bênção das existências futuras, aprendendo a valorizar espiritualmente todos os minutos e todos os segundos, na divisão natural de seu tempo de progresso, até que, um dia, virá a investi-los no campo do Bem.

Sem pressa – mas sem a lassidão dos mornos –, você caminhará no encontro do Divino Mestre, que o aguarda como filho da humildade e da singeleza, única roupagem que lhe permitirá a coparticipação no Reino Divino.

Faça-se pequenino de paixão.

Ser lobo, entre lobos, não é próprio de ovelha.

Que se espera
Capítulo 13

Diante das inquietações da vida atual, não se confunda quanto ao que o Senhor espera de você.

Você não foi chamado às fileiras espíritas para reformar o mundo. Este plano já se encontra saturado de reformadores da existência alheia, desatentos, porém, em reformarem-se a si mesmos.

Você não se incorporou ao movimento Doutrinário Espírita para possuir o mundo. Os apontamentos históricos da Humanidade são uma passarela de conquistadores ousados, que traçaram um rastro de sangue à sua passagem, sem nunca terem conquistado a si próprios.

Você não recebeu o convite do Espiritismo para ampliar uma clientela religiosa, ávida de um céu fácil. Inúmeros sacerdotes, patronos de dogmas e do literalismo religioso, já se atropelam no campo da fé, sem edificarem os bens espirituais a benefício próprio.

Você veio, egresso de paisagens dolorosas, para resgatar, em moedas de amor, os seus débitos para com toda a Humanidade, chamado a vitalizar a caridade como expressão de socorro a quantos acompanham as suas lutas.

Você é chamado para viver princípios redentores.

A vivência da conduta doutrinária, porém, não deve ser condicionada aos seus caprichosos figurinos de comportamento. As suas pregações inovadoras deverão nascer dentro do lar, no berço em que você foi acolhido nesta viagem reencarnatória. O campo de aprendizado e ampliação de conhecimentos realmente se inicia no templo de sua fé, mas tão somente se consolidará se você corporificar a Lei do Amor no contato com os que sofrem.

Bastará um olhar à sua volta.

O estômago faminto roga por migalha de pão.

O corpo desnudo pede farrapos que sejam.

O organismo combalido suplica por remédio.

Espíritos algemados aos labirintos das Sombras aguardam que gotas de luzes saiam de seu íntimo para orvalhar-lhes o coração esmagado de dor.

Diante de tão gigantesca tarefa, a desdobrar-se aos seus olhos de espírita, você se irá integrando nos programas do Senhor, sem aquele ensaio de querer ajustar o Senhor aos seus programas.

O Senhor espera de você, para ajustamento ao trabalho nobre, o cumprimento de três pontos capitais de toda realização sublime: disciplina, disciplina, disciplina. E lembra-lhe de que, nas lições da natureza, um rio, num caudal indômito, cresce, estertora, avança impetuoso, mas só se torna fonte de energia construtiva quando se confia ao condicionamento da usina.

Automartírio

Capítulo 14

Você se afirma em sofrimento!

Continuamente se detém a medir a dor que o aflige, comparando-se com o seu semelhante para afirmar que não encontra ninguém a experimentar as mesmas angústias que registra.

Suspira pela felicidade alheia.

Você, assim, se automartiriza.

Revolve caprichosamente os seus achaques.

Sua acuidade revela-se surpreendente, com uma capacidade de descobrir, relacionar, catalogar – sempre ampliando – os seus momentos de dor e, por isso, seus passos se fazem tardios no caminho do Bem.

Algumas vezes, inclusive, você se acredita, depois de repetidos *ais*, um candidato certo a altos postos na Espiritualidade Maior, com cadeira cativa num paraíso ilusório, tão somente porque você é capaz de multiplicar por setenta vezes sete vezes o grau de suas agruras.

Não olvide, porém, que nenhum mérito há para aqueles que, voluntariamente, tornam maiores as preocupações do dia a dia. Aqueles que se detêm a cuidar de suas dores não disporão de tempo para semear a paz. Você não verá, então, por trás de sorrisos de aparente tranquilidade, corações em pranto. Estará cego para distinguir, através de aparente euforia orgânica, mundos de incertezas espirituais. Jamais descobrirá, nos sorrisos da alegria exterior, almas resignadas, mergulhadas em torvelinhos de angústia.

Remodele seu modo de pensar.

Nenhum galardão existe para os que cuidam apenas de si, mergulhados em doentio pessimismo.

Reanime-se.

O caminho da felicidade não é estrada aberta para o pantanal do egoísmo, dentro do qual você ignorará todos os que se resignam às suas provações, impondo silêncio à própria amargura.

Aprenda a sentir piedade dos outros.

Olvide as próprias lamentações.

As expressões repetidas e desordenadas de seus sofrimentos obstruem os condutos de sua audição espiritual, impedindo-o de recolher, dos cansados e abatidos deste mundo, a súplica dos que precisam ser atendidos com a caridade legitimamente espírita-cristã.

Reencarnação

Capítulo 15

A reencarnação não é uma remessa compulsória da criatura a um centro de torturas infindáveis, com o propósito de que você sorva, até a última gota, o cálice de fel que levou, um dia, alguém a experimentar.

Renascer – contrariamente a toda e qualquer ideia de castigo – significa esquecimento do passado, com novas oportunidades organizadas para a sua recuperação espiritual e todo o seu patrimônio de cultura e de virtudes transformado em impulsos e tendências inatas.

Não atribua, pois, à Providência Divina a origem de seus *ais* nem considere que as difíceis expiações sejam uma cobrança dos departamentos sublimes do Universo.

A maioria das desilusões de hoje e de grandes decepções que você sofre são consequências dos atos desta existência mesmo. Revelam as preferências desequilibradas que você acalenta, em milênios de viciações lastimáveis.

Para amenizar o seu roteiro, seria necessário fazer uma tomada real e sincera de seus impulsos, examinando-se interiormente, a fim de você conhecer-se. Reunidos os dados do que você é, busque outros valores espirituais, retificando, construindo e reconstruindo o seu programa de vida.

Raros são, na verdade, os lances de resgate. É que, também raramente, você estabelece o clima espiritual que o predisponha ao início do reajuste de sua consciência.

Busque compreender que reencarnação é sinônimo de Justiça Divina, essa mesma Justiça que não tem paralelo com os tradicionais conceitos de *pena* e *condenação*, com os quais confundimos a aplicação de leis na face da Terra.

Você cresce espiritualmente a cada hora.

Você está, na Lei da Reencarnação, diante de um acréscimo da Misericórdia Divina, aprestando-se para a conquista de si mesmo, com as rédeas de seu destino sendo confiadas às suas mãos.

Não se renda, pois, às inquietações.

Não alimente a autotortura avassaladora.

Diante dos problemas que a reencarnação lhe reapresenta, sirva sempre. A Dor é o aguilhão que o fará caminhar na direção dos que sofrem mais, cristianizando-lhe os olhos, o verbo, o entendimento. Cada passo na direção de quem sofre acende-lhe um fulgor interior que lhe ilumina o caminho por onde você está seguindo ao encontro da própria Vida.

Destino

Capítulo 16

Você poderá mudar o seu destino?

A indagação inquietante – formulada diante da adversidade e da aparente inflexibilidade de circunstâncias que envolvem o viajor terreno nos momentos de dor – será respondida afirmativamente, após ligeiro exame que você faça do cotidiano.

Quantas vezes você mudou de profissão?

Quando você alterou o panorama em

que presta a sua quota de trabalho nobre em benefício seu e da coletividade, evidentemente se ajustou a novas experiências.

Você não se casou?

Quem se consorcia, lançando os fundamentos de uma nova família, inevitavelmente se desvinculará do berço em que foi acolhido e cursará outras pautas de resgate e regeneração.

Você não se matriculou numa escola de cultura?

Quando você se inscreveu nos institutos de conhecimento, dentro de suas aspirações, começou por abandonar a penumbra da própria ignorância e, dessa forma, abriu novos horizontes para si mesmo.

Você não amplia a sua rede de amizades?

Quando você multiplica companheiros, nas estradas do dia a dia, passa a ser influenciado e influencia concomitantemente, penetrando por outros campos afetivos, modificando, resgatando ou assumindo outros compromissos espirituais para o futuro.

Sempre você alterou o seu destino.

Se você muda o seu roteiro, por vezes, a golpe de inconsciência, estará exercendo a livre-escolha. Guarde, assim, convicção de que, toda vez que você altera as suas aspirações, influi no seu destino, mesmo que a alteração seja em atividades impropriamente chamadas de materiais.

Não existe vida material e vida espiritual.

Você jamais poderá distinguir onde começa uma e termina outra. Ambas se confundem pela natureza de sua origem e ambas se fundem no cumprimento dos desígnios Divinos.

Você precisa adquirir consciência de si mesmo.

Procure ampliar os seus conhecimentos espirituais, tendo mais condições, então, de retificar, com propriedade legítima, a linha de sua evolução.

Renova-se o destino amando o próximo.

O amor será vida nova, na sua vida.

Os maiores

Capítulo 17

Justo que você observe, nos caminhos da vida, os vanguardeiros da evolução espiritual. Respeitável também que empreenda esforços por segui-los nos exemplos nobres com que se fizeram reconhecidos entre os homens.

Querendo repetir-lhes o comportamento, porém, você poderá ser remetido contra as barreiras de suas limitações. Você conhecerá, então, a distância que está a separá-lo daqueles que pioneiramente descerram os horizontes do progresso da alma.

Não permita, contudo, que o desalento se infiltre no seu coração por tempo indeterminado, minando-lhe as fibras mais sensíveis e criando uma apatia injustificável.

Reconsidere-se, pois.

Se você não consegue ainda sustentar a paciência; externar a tolerância; manter-se no campo do amor; empenhar-se em trabalho santificante – que você respeita e admira naqueles que se elevam por modelos de sua vida – cumpre não olvidar que inúmeras reencarnações o separam deles. As atuais limitações que hoje caracterizam os seus ensaios de santificação se irão eterizando e desassociando de sua personalidade, a pouco e pouco, sob a ação de uma vontade inestancável.

Não se renda, jamais.

Diante da visão maior, firme passo no trabalho e na disciplina, porque, na atividade constante no campo do Bem, se romperá a crosta da imperfeição.

Diante dos que são mais perfeitos que

você, não desbarate preciosos minutos num derrotismo estéril. Só a caridade vivida poderá encurtar a distância que existe entre você e os Espíritos Purificados.

Jesus confia em você.

Confie você também em Jesus.

Entregue-se à tarefa que lhe foi delegada.

Somente assim você estará galgando, degrau a degrau, essa escada que cresce dos pantanais de suas paixões na direção do Infinito.

Espanque os fantasmas de sua imaginação.

Desobstrua raciocínio e sentimento, a fim de compreender que, se a enxada tosca não realiza tanto quanto o moderno e dinâmico trator, ela não deixa de ser útil, na sua modéstia, fazendo-se indispensável instrumento nas mãos daqueles que se dedicam a pequenos tratos de terra.

Espíritos de Luz

Capítulo 18

Você já comentou sobre Espíritos de Luz.

Entreteceu referências e, não raro, até aspirou, no secreto de sua alma, um dia ostentar a mesma luminosidade que lhe dariam – pensou – as sensações agradáveis de elevação de plano, entre os incontáveis planos da Espiritualidade.

Algumas vezes, também, já era meditado – e acertadamente – que a luz que eles externam não é fruto de privilégio nem doação gratuita do Pai Celestial com o fim de diferenciar determinados seres, qual se eles tivessem necessidade de uma roupagem especial para que não se confundissem com os maus.

A ideia de exceção não se ajusta à Justiça Divina.

A luz dos Espíritos é o amor que sustentam.

Além do amor que assinala as suas manifestações e que transparece de seus mínimos gestos, nenhuma outra fonte existe onde pudessem buscar a radiosidade.

O amor é o estímulo para as mais formosas vibrações na energia que se condensa na forma perispiritual, quando, então, o Espírito atinge a fulguração da própria luz. O seu coração se torna um filamento e eles impregnam o meio em que atuam.

Nada impede que você conquiste tal posição.

Será, porém, sempre uma conquista; jamais doação.

Necessário faz-se amar, amar intensamente, a fim de que o sentimento criador e sustentador do Universo resplandeça de dentro para fora de sua alma.

Vale notar ainda que, internados no corpo denso, muitas são as almas, em trânsito pela Terra, que revelam os sinais do esplendor celeste.

Comem e bebem, como todos.

Aspiram e realizam, como muitos.

A sua luz, contudo, não tendo a configuração dos Espíritos alforriados da matéria densa, revela-se pela infinita reserva de ternura discreta com que se fazem conhecidos junto aos companheiros de caminhada.

Amiúde, ignoram-se a si mesmos.

Doam-se por inteiro à solução dos problemas angustiantes de seu próximo, seja na equação das incógnitas sociais, seja no socorro a obsessos internados nas mais olvidadas regiões ou confinados nos mais tristes casebres deste mundo.

Lutam por dominar-se, banindo de sua personalidade os traços de egoísmo e de orgulho. Aceitam que somente esses dois grandes inimigos solapam as energias e se erguem por obstáculos difíceis entre eles e o seu semelhante.

São quais lâmpadas que, esmaltadas por fora, não filtram a sua luminosidade. Transmitem, porém, generoso calor fraternal.

Terão luz após a desencarnação?

Não trazem essa preocupação avassalante. A luz que conquistaram já brilha por toda a parte, segundo a recomendação do Senhor Jesus, e essa luz é vida e oportunidade renovada a quantos partilham de seu roteiro de regeneração cristã.

Siga-os e você terá paz.

Não fui hoje

Capítulo 19

Ontem, você abraçou a aflição por companheira.

Com sentimentos conturbados, não pôde registrar os apelos da Resignação, que lhe vinha convidar a tomar posição diante da Vida, para utilizar como ligações as agruras da existência.

Ontem, você abraçou caprichos por realizações.

Sentiu-se magoado, frustrado, ao vê-los ruir, um a um. Na crosta impermeável que edificou à sua volta, não permitiu que o Bom Senso viesse despertá-lo, para que você se reajustasse ao trabalho, evoluindo com menos dor.

Ontem, você abraçou no rancor um conselheiro.

Com alma estremecida, sentiu que nuvens pesadas se adensavam sobre a própria cabeça. Teve ensombrados os seus passos. Fez-se cego para o Amor que o banhava em sóis de paz, convocando-o ao reequilíbrio emocional para se garantir de bem-estar.

Ontem, você abraçou na maledicência o exercício da língua.

A pouco e pouco, notou-se mergulhado num oceano de incompreensões e de dúvidas, de desconfiança e de atribulações. Impregnou-se do odor próprio dos monturos morais que revolvia, e não percebeu o perfume da Caridade, que veio procurá-lo para realizações importantes, no campo do verbo nobre.

Ontem, você abraçou o pessimismo por ideal.

Ilhou-se em preconceitos infantis, sem se aperceber de que Mensageiros Divinos lhe traziam a Esperança para que não fosse tão amargosa a taça de fel que destilara do próprio coração.

Agora, porém, você exclama:

– Hoje, os bons Espíritos me ajudaram!

Não foi hoje que os Espíritos o ampararam.

Hoje foi Você quem se ajudou, abrindo as portas de seu coração para que eles pudessem tocar-lhe o sentimento e a razão, mostrando-lhe os rumos que conduzem ao Senhor.

Eles sempre estiveram ao seu lado.

Você é quem se ausenta deles.

Medicamentos

Capítulo 20

Você se afirma esmagado por problemas.

Examine-se, para encontrar os medicamentos justos.

No serviço e nos negócios – você se toma por um perseguido do infortúnio e coleciona pensamentos de medo e de derrotismo. Talvez não tenha observado que lhe falta apenas paciência e fé, para alcançar dias melhores. Muitos dos aparentes males de ontem hoje se revelam por acontecimentos benéficos que o livraram de muitos aborrecimentos.

Na família e entre amigos – você se anuncia por vítima de intrigas e exigências humilhantes, de aborrecimentos e dores, não encontrando sinceridade e lealdade, carinho e compreensão. Porém, talvez não haja notado que bastaria confiar-se à resignação e o sentimento de caridade terminaria por torná-los companheiros de seu coração.

Sobre a saúde – você se toma por enfermo irrecuperável, confiando-se a preocupações desintegradoras. Todavia não se assenhoreou ainda do poder na confiança na Providência Divina, que evitará que você atire fora os preciosos recursos de recuperação.

Na intimidade da alma – você experimenta influências estranhas, sobressaltos constantes, o peso do desânimo, perturbações variadas. Contudo, talvez não tenha experimentado ainda abrigar o amor em sua vida, para receber as inspirações maiores que reerguerão você de seus sofrimentos secretos.

Você precisa conhecer você.

Sua alma perece por falta de alimentação espiritual.

Observe-se no cotidiano.

Se você não tomar as refeições regulares, o seu organismo se ressentirá. Suas atividades serão difíceis. Por fim, você se ajustará a um leito.

Assim também com a alma.

Se, desnutrida de Evangelho, suportar a sobrecarga de preocupações, sem conhecer os recursos para solucioná-las, se irá esgotando e impedirá você de equilíbrio.

Inicie a própria recuperação.

Logo que notar a presença de pensamentos de desânimo, de morte, de derrotismo, de azedume – renove-se com a oração. Faça da prece o seu banho regenerador e salutar, porque você terá outra disposição e verá os caminhos que se abrem à sua frente.

Sirva-se, igualmente, do Espiritismo--cristão.

Ele permitirá você conhecer a você.

Jorrarão fontes de energias, que estão represadas em seu íntimo. Você irá ao encontro de quem sofre realmente. Você terá condições de vencer o seu mundo pessoal, colocando-se na faixa de Amor de Jesus, e o Mestre abençoará suas horas.

Clima mental

Capítulo 21

Você não erra deliberadamente.

Basta observar as expressões sinceras e reais com que se justifica, lamentando as próprias falhas, a fim de aceitar a inconsciência de seus atos.

– Agi às cegas.

– Atendi a um impulso incontrolável.

– Se eu tivesse refletido...

– O entusiasmo cegou-me.

– Respondi sem pensar; feri sem querer!

Esse impulso espontâneo, quase incontrolável, revelando o seu modo de ser, é fruto do seu clima mental.

O clima mental que lhe governa os atos, no entanto, não é produto do acaso ou consequência das circunstâncias. É a sua própria obra. A manifestação de seus pensamentos mais constantes.

A movimentação dos braços, a direção dos passos, as reações afetivas, as confabulações íntimas, os temas de conversação, as simpatias e antipatias, os desejos, os sonhos, as aspirações são emanações de sua alma, formando o seu hálito espiritual e, mais tarde, serão as suas atitudes ou comportamentos naturais.

Se você se interessa em agir evangelicamente, à luz da Doutrina Espírita, torna-se inadiável a renovação do seu clima mental. Deve renovar, urgentemente, os seus pensamentos. Faça-se habitual da leitura sadia. Aprenda a sugerir e sustentar conversação digna, sem revolver a lama da maledicência. Termine com o vinagre da ironia. Empenhe-se na meditação regenerativa. Trabalhe a benefício de todos os necessitados.

Você modificará a sua atmosfera psíquica.

O ato espontâneo não se tornará bom se você se puser simplesmente a lamentá-lo. Não use de excessiva complacência com suas fraquezas. Não viva a se justificar, sem o propósito de sanear-se.

Renove a mente e você ressurgirá renovado para o mundo, refletindo o Cristo em cada um de seus gestos, em cada um de seus passos, em cada palavra que lhe sair dos lábios.

Você, então, acertará conscientemente.

A caminho do bem
Capítulo 22

Embora a condição de Espírito Puro se lhe afigure distante demais de sua existência e, continuamente, você se surpreenda em falhas e enganos cabulosos, apesar do esforço que empreende para domar suas más paixões, não permita que o desânimo adentre pelo seu coração, ali fazendo o ninho do desequilíbrio.

Você tem falhas, sim!

Hoje, contudo, você já soma mais virtudes do que ontem. Prossegue na sementeira do futuro, mesmo que faça a colheita compulsória das sementes que, no pretérito, deitou pelos caminhos da vida.

Aceite o exemplo da árvore.

O fruto que se oferece ao faminto viajor, amparando-lhe a necessidade imediata, ontem era simples promessa na semente, aguardando o trato de terra que lhe serviria de berço.

Junto da lama, rompeu seu envoltório. Enregelado até à seiva no inverno, causticado pelo sol nas estações quentes, vergastado pelas tempestades, o arbusto se fez adulto.

Perdeu folhas, sofreu podas!

Um dia, porém, amanheceu em frutos.

Diante, pois, da necessidade de sua elevação espiritual, não tema os obstáculos. Não desfaleça a meio do caminho. Não receie as quedas e tropeços. Tudo servirá para torná-lo firme, robusto para decisões importantes.

Há em seu coração um manancial desconhecido de amor. O seu raciocínio é um potencial de acuidade ainda inexplorado. Bastará a ação da vontade, a sua obstinação no Bem, para que você irradie calor fraterno à sua volta.

Disciplina.

Persistência.

Obstinação no bem.

Coragem de repetir sempre, após os enganos.

Eis o tanto de que você precisa para que o caminho do aperfeiçoamento espiritual seja o curso normal de sua vida e para que você alcance os horizontes da Paz.

Valores

Capítulo 23

Você multiplica os calores que acalenta.

Poderá estar reunindo as mais preciosas virtudes que enobrecem a alma, em tesouros de carinho e ternura. Poderá cultivar paixões aviltantes, com volúpia infeliz, colecionando berloques de fantasia, deslumbrado com a admiração que eles despertam.

Os tesouros pessoais variam muito.

Há os que se repletam de amor.

Você precisa cuidar-se, porém, em

não se enfeitar com as contas da maledicência, exibindo por toda parte essas chagas da alma.

Há os que amealham a piedade.

Você deve atentar, todavia, para que não se paramente com a calúnia e com os anéis do rancor, mimos indesejáveis que ampliam paixões.

Há os que vivem pela verdade.

Você é convidado, contudo, a não negociar com a razão, repletando o cofre do cérebro com as moedas do orgulho, passeando uma ilusória superioridade no pantanal de uma existência sem Deus.

Há os que cultivam a caridade.

Você, no campo do coração, não se tornará um cultor do egoísmo, fazendo convergir, para suas mãos, os bens que se distribuem à sua volta, porque, assim, não será um vitorioso diante da vida.

Há valores que refletem enfermidades da alma.

Evite de juntar o que rebrilha, à semelhança da bijuteria de imitação. Não reúna grotescos valores dentro de si, para que não lhe suceda o mesmo que para alguns numismatas que se embrenham na usura e alguns filatelistas que desconhecem a bênção da comunicação.

Selecione o ilusório do real.

Empregue-se na conquista dos recursos do Espírito. Já se atulhou o seu íntimo em demasia, com a satisfação de caprichos de toda ordem. O mal não precisa de cuidados especiais para acumular-se; ele se avoluma pelo degrau evolutivo a que você se ajusta. O Bem é que reclama a sua atenção.

Disputas

Capítulo 24

Examine-se em família.

Ali, no cadinho de sua purificação maior, entre os consanguíneos, você observará que a paz é conquista difícil. A cada solicitação de provas e expiações, o atrito pode surgir como resposta. Cada um, então, considerar-se-á repleto de direitos e raramente se descobrirá nas malhas dos enganos.

Você sempre se julga coberto de razões para distribuir os dardos venenosos de palavras ásperas e dolorosas; sempre se arroga o direito de impor-se, evocando a sua posição na constelação familiar.

Disputas intermináveis medram, por mínimos acontecimentos, e o lar se assemelha a frentes de batalha, com trincheiras cavadas no solo do amor-próprio e no campo da sensibilidade enfermiça, impedindo todo e qualquer armistício.

Cônjuge contra cônjuge.

Irmãos contra irmãos.

Filhos contra pais.

Pais contra filhos.

Você, porém, deve ser o embaixador da paz familiar.

O homem alfabetizado, o homem de mediana cultura, o homem de conhecimentos superiores, o homem que ouviu referências às bênçãos do Evangelho, acima de tudo o homem de coração sensível – esse homem, que é você, é o mais responsável de todos para que o Bem surja por entre as névoas das divergências, derramando a luz de novas esperanças.

Nas hostilidades familiares, revise as suas atitudes – revise-se a si mesmo e não aos seus familiares -, a fim de que você não se torne a forja dos punhais do ódio, das adagas do rancor, das espadas da crítica ferina, que poderão retalhar a alma, precipitando quadros francamente obsessivos.

Crie a paz no coração.

Jesus virá ter com todos, por seu intermédio, auxiliando cada criatura no reerguimento indispensável e inadiável, já que o destino de todos é o Amor.

No lar

Capítulo 25

No lar, que a Providência Divina lhe ofertou por sublime oficina de regeneração do passado, repetidamente os problemas que você armou no pretérito surgem à tona, na forma de entrechoques dolorosos com a parentela.

As desavenças – você diz – pedem uma desforra, a fim de que o amor-próprio, ou mais justamente conceituado: a fim de que o orgulho pessoal seja preservado.

Fervilhando, possuído pela cólera, você aguarda o momento propício para humilhar o seu ofensor, ferindo-o no ponto que sabe ser o mais sensível.

Qual hábil psicólogo, esquadrinhando a intimidade daqueles que repartem as lutas regenerativas consigo, você sabe onde atirar a seta da palavra de censura e de azedume. E quando a vítima estertora, abraçada ao desequilíbrio espiritual, prorrompendo em lágrimas ou proferindo impropérios, você recolhe o sabor da vingança mesquinha.

Reconsidere-se, porém.

A sua ação, rebaixada a um nível de vingança contra familiares, envolve-o num clima francamente umbralino. Você ficará ilhado por lágrimas. Sem se fazer amado, você se faz temido, quando não detestado. A sua simples presença chega a desencadear o fenômeno da apreensão e até do pânico interior. Obriga os coparticipantes de seu drama reencarnatório a empreenderem sobre-humanos esforços para que, na sua presença, eles não sejam o que são.

Você gera vidas artificiais.

Obriga, a peso de intolerância, a que seus familiares cultivem duas personalidades.

– a que o recebe de volta ao lar;

– e a que é deles mesmos e que se expande na sua ausência, livre do policiamento de sua violência.

Medite nas suas atitudes.

Descubra tudo o que induza os outros ao artificialismo e procure reformar-se, para que todos, inclusive você, venham a viver na pauta de experiências melhores.

Não cultive o mórbido prazer de revirar a lâmina na chaga a descoberto de seus familiares.

Não se reconquista honra pela força.

E você não deve retemperar o amor-próprio no sofrimento daqueles que o cercam.

Experimente

Capítulo 26

Seu cônjuge ficará só.

Não raro você fica a imaginar que a companheira ou o companheiro não aprecia acompanhá-lo nas suas incursões ao templo de Espiritismo-cristão, onde você está reajustando conceitos e onde seu coração está sendo burilado pelo Cristianismo-redivivo.

Tente, um dia, ajudá-lo.

Colabore na tarefa doméstica.

Participe e auxilie a amenizar os problemas.

Depois, faça-lhe o convite amigo.

A tarefa aparentemente interminável que esmaga a quem a carrega sozinho poderá ser a causa da aparente indiferença e da falta de tempo. A sua contribuição para torná-la amenizada poderá devolver esses fatores ponderáveis: ânimo e tempo, e, quase sempre, esse é o único obstáculo para que os seus coparticipem de seus Ideais.

* * *

Seu filho hesita em abraçar a Doutrina.

Parece-lhe que só de má vontade ele se dirige às aulas e às atividades do Espiritismo-cristão.

Experimente, um dia, ao invés de simplesmente enviá-lo ao núcleo de sua fé – experimente acompanhá-lo com alegria e companheirismo.

No seu exemplo, ele recolherá a lição da necessidade.

* * *

Você diz que está só.

Ninguém da família se dispõe a acompanhá-lo na formação e no desenvolvimento das lições de Jesus no Culto do Evangelho no lar. Você aspira a que lessem juntos e juntos comentassem a excelência das lições de "O Evangelho Segundo o Espiritismo", coroando a reunião com deliciosa oração coletiva.

Experimente, porém, iniciá-lo sozinho.

Não mais o adie, esperando companhia que tarda.

Acompanhe-se do Mestre e principie a tarefa.

Os frutos surgem da semente – é a lei.

***

Você se sente estranho na família Espírita.

É habitual das reuniões, coletando as mensagens de ânimo e fé esclarecida. Observa todos os programas, apreciando o desdobrar das atividades. Não se sente, porém, plenamente ajustado ao meio.

Não se demore nessa posição.

Experimente propor-se para pequenas tarefas.

Estabeleça entendimentos com alguns dos colaboradores da casa, prontificando-se à tarefa fraternal e ofertando-lhes tempo e préstimos, empenho e dedicação.

Você estará, então, na dinâmica da equipe.

Notará, inclusive, que muitas vezes já quiseram convocá-lo para o trabalho. Só não o fizeram por receio de melindrá-lo ou porque estavam tão sobrecarregados que não dispunham de tempo para examinar à volta.

Ante, porém

Capítulo 27

A mulher que apresta o lar, espargindo carinho e abrindo o coração na própria tarefa, realiza a oração pela paz de todos, nas vibrações de beleza que irradia de si.

O jovem que acolhe as lições iniciais da existência, ajustando-se ao lar e aos pais abnegados, realiza a prece do novo conhecimento, recebendo auxílio da Espiritualidade Superior em benefício do porvir.

Você que mantém a palavra nobre e

edificante no recinto da oficina ou do escritório, onde presta serviços, realiza a oração do bom entendimento, semeando harmonia onde poderá estar nascendo a revolta.

Quando você se cala, não fermentando a calúnia e não alimentando a maledicência que o procuram pelos lábios de companheiros desavisados, realiza a prece do silêncio construtivo, canalizando radiações fluídicas benéficas que corrigirão a posição pré-obsessiva de amigos.

A oração é o espelho do ser.

Há preces que religam a criatura ao Pai Celestial. E há emissões desajustadas que, mesmo evocando o nome de Deus, são dirigidas aos pantanais de paixões.

Mais do que o verbo, o gesto de amor, a palavra de pacificação, a lágrima de alegria, a comoção da piedade equilibrada, o silêncio, a quietude – são preces singulares que reconstroem o clima espiritual de cada um, criando simbiose com as Esferas Elevadas.

Ore, sim!

Antes, porém, você deve realizar o preâmbulo indispensável que o tornará digno de dirigir-se ao Pai e que é a atividade persistente e viva no campo de amparo e de socorro ao próximo em sofrimento.

Pais

Capítulo 28

Valorize a sua vida.

Não permita que seus lábios exprimam revolta, transmitindo mensagem de negação e desalento, maldizendo as provas ásperas da existência, repetindo os velhos chavões do derrotismo.

– Que vida difícil.

– Que vida amarga.

– Que vida ingrata.

O difícil não é o fenômeno da existência, no panorama da Terra. O que se torna problemático é você encontrar-se com as consequências naturais de seus atos. Nesses reencontros, contudo, você terá lições inolvidáveis, burilando-lhe o coração e a razão.

O amargor da vida não se deposita na própria vida. Desta, você usufrui as bênçãos da alegria e da felicidade. As sombras, que você identifica à sua volta, estão mais nos seus olhos, que não procuram a luz.

A ingratidão que você recolhe, dia a dia, quase sempre é mera extensão de sua ingratidão pessoal. Reflete-se você no cristal de seu semelhante. Coautor da vida, você recolhe frequentemente apenas os frutos da sementeira que deitou no solo de seu vizinho.

Se você seguir à frente, com olhar fito no horizonte, não sentirá a carga que conduz nos ombros. Mas se você se deixa vergar, desalentando-se, dentro em pouco se sentirá esmagado, mesmo que esteja a transportar um simples grão de areia.

Você poderá estar lamentando calos, sem agradecer jamais os sapatos que lhe protegem os pés.

Você poderá não colher flores, por temer os espinhos.

Você poderá verberar contra o pântano, sem jamais querer drená-lo, menosprezando a oportunidade de transformá-lo em gleba dadivosa.

Você poderá estar gemendo, simplesmente porque olvida os bens que o cercam na sua caminhada.

Toda vez que você lamenta os tropeços da existência, maldizendo a vida, estará condenando a sua própria obra, censurando, também, aqueles que renunciaram os melhores anos de sua vida para ofertar-lhe a oportunidade de retorno: os seus Pais.

Seja grato, valorizando a própria Vida.

Dar-se

Capítulo 29

Você quer evoluir.

Não poderá se negar, portanto, em ofertar-se a si mesmo, a benefício de seus semelhantes. Dar-se, todavia, não significa você confiar-se aos caprichos daqueles que o cercam para, depois, sentir-se como vítima de atitudes apressadas. Será, isto sim, dedicar-se até o extremo de suas forças, renunciando a si mesmo, chegando ao sacrifício dos pequenos nadas da existência, as agradáveis distrações, mas com discernimento.

No próximo, a razão de sua vida.

Doando-se para os que o cercam, você estará edificando um novo mundo dentro de seu mundo. E sem tal dedicação, você estará transitando pela Terra à semelhança de muitas criaturas que brincam de viver, vivendo apenas para si mesmas.

Realidade, no dicionário de Vida Eterna, é um tanto diferente da sinonímia vulgar. Não é feita das formas tangíveis que o cercam, edificada sobre posições transitórias, alimentada por caprichos e paixões.

Ela deverá ser a sua permanência nos quadros da vida, haurindo paz e harmonia, da paz e harmonia que espargem sobre o seu semelhante, no trabalho redentor.

Dê-se, pois, em amor, em paciência, em caridade, num exemplo concreto do Evangelho e, só então, você se estará aproximando de você mesmo, a grande e única realidade da Vida Eterna.

Superar-se a si mesmo, eis o caminho da paz.

A Hora
Capítulo 30

O relógio divino, que assinala a hora de suas experiências, testando as aquisições efetivas no campo do Bem, funciona com precisão absoluta.

A hora da sua *fé* aparece quando a dúvida, as questões aflitivas, os problemas angustiosos assaltam o seu coração, convidando-o a descrer, a desalentar, a revoltar-se.

A hora de sua *paciência* é aquela em que o obstáculo se agiganta em seu caminho, em que o visita o companheiro menos simpático, em que busca o parente-problema, em que você é observado por chefes atrabiliários.

A hora da sua *caridade* é aquela em que alguém lhe exibe chagas físicas ou morais, rogando-lhe a piedade por bálsamo consolador.

A hora do *amor* é a em que você é sitiado por inimigos que o induzem ao desequilíbrio, às explosões do ódio e do rancor, ao exercício da raiva e da maledicência, ameaçando arrojá-lo nas valas da delinquência espiritual.

A hora da *resignação* é a em que a rebeldia bate às portas de seu coração, fazendo ninho em seu íntimo, dominando a cidadela de suas emoções, buscando enceguecê-lo.

Existe também a hora Espírita-cristã.

Quando o mundo o desafia com suas loucuras e suas paixões, com seus egoísticos sectarismos e preconceitos, com a ironia sobre suas aspirações, com insinuações para o aviltamento de suas virtudes, tentando-o a permutar ideais nobres pela moeda corrente – é a sua hora de Espírita.

Nesse momento, o relógio está assinalando a hora de experimentar a sua convicção, quando equilíbrio e harmonia serão as respostas do amor e do bem que já existem em você.

Não deixe passar a sua hora maior, escravizando-se a homens e conveniências que passarão com o tempo. Cabe-lhe testemunhar compreensão e concórdia, conhecimento e ternura, traduzindo o Evangelho em páginas vivas.

Observe que por realizar a hora de sua crucificação, Jesus se confirmou o Mestre por excelência, enquanto que as testemunhas de seu martírio deixaram escoar o momento de indulgência em suas vidas.

Soando sua hora, não titubeie.

Não é nem cedo nem tarde.

Não deixe esvair o minuto decisivo, vencido por vãos temores ou por evasivas inócuas, ou pela preguiça que se fantasia de humildade e a rebeldia que se disfarça de vítima – porque o minuto seguinte, embora traduzindo mais uma oportunidade, não será jamais igual, em tempo e espaço, ao minuto imediatamente anterior.

Posições

Capítulo 31

No mundo conturbado em que você se encontra, no curso de experiências indispensáveis para o burilamento de sua alma, acolha as criaturas em sofrimento por filhos de seu coração.

Receba-as, no templo de sua fé, com o carinho e as luzes espirituais que a Doutrina Espírita lhe transmite graciosamente, na renúncia dos Mentores da Vida Maior.

Não regateie em lhes ofertar, pelo exemplo e pelo verbo, os singelos e renovadores ensinamentos do Cristianismo-redivivo. Este mundo precisa, em regime de urgência, da fonte de renovação íntima que se solve na Codificação kardequiana.

Negar-se à disseminação da luz será fazer-se omisso no espraiar desse Sol dadivoso, contribuindo, então, para que se alongue a noite na mente humana, atravancando as engrenagens irreversíveis do progresso espiritual.

Como você poderá lamentar-se do mundo em desajuste, se você se furta em orientá-lo na súplica da dor de seu semelhante? Como censurar acremente os que se desesperam se, a título de respeito e humildade, você não distribuir côdeas de amor? Como profligar a miséria e a usura, se você for egoísta e usurário na oferta do pão-de-luz?

Recorde-se de que foram palavras, mensagens avulsas, livros preciosos, conversações edificantes, indicações singelas e exemplos vivos que, um dia, o conduziram às portas do Espiritismo-consolador, miniaturizando as suas agruras, colocando no diminutivo seus sofrimentos.

Se você foi assim beneficiado, através de incontáveis benfeitores encarnados, por que não ser o intermediário da Esperança aos que o buscam afogados pela angústia?

Mobilize, pois, suas melhores oferendas:

– a paciência sem limites;
– o amor sem condições;
– a dedicação sem interesse pessoal;
– a humildade dinâmica;

Outros pequenos mundos, semelhantes ao seu, sofrerão as grandes transformações morais, edificando os princípios do Reino de Jesus no próprio coração.

Diante, por conseguinte, dos filhos espirituais de suas atividades religiosas do Espiritismo-cristão, procure assumir a atitude que promove benefícios: ser pai e mãe espiritual daqueles que são induzidos a encontrar Jesus por seu intermédio.

Anemia de amor

Capítulo 32

Este se exime dos deveres perante o semelhante, alegando que cada um deve cuidar de si. Olvida que, ele mesmo quem fala, é socorrido e atendido diuturnamente. Incontáveis favores invisíveis, quer vindos de companheiros de romagem terrena, quer da Espiritualidade Maior, envolvem a experiência do dia a dia.

Aquele, alegando sobrecarga de tarefas, jamais faz uma presença regular em seu templo de fé. Esquece-se de que a própria saúde de que desfruta é bênção para superar os desajustes diversos.

Outro, sacudido por provações dolorosas, arrazoa haver abandonado o campo da prece por não lhe registrar os benefícios imediatos. Não se recorda de que, não raro, traz cerradas as portas do coração, impermeável à sutil influenciação divina.

Há, também, os que evitam responsabilidades, arrolando, nas suas justificativas, que não são entendidos pelos companheiros. Os que se entrincheiram nas divergências de opiniões, para justificar o cansaço. Os que se afirmam sob o peso de invencíveis tribulações e a enorme multidão que se exercita no lodaçal das reclamações.

Todos eles sabem que suas alegações são desculpas.

Querem justificar-se diante da própria consciência, embora não consigam jamais fazer calar essa voz íntima que lhes desnuda a vontade entorpecida.

O Sol jamais se furta de distribuir calor, mesmo quando nuvens prenunciem tempestades, recobrindo-lhe os raios generosos.

A fonte não reclama contra os que lhe revolvem o fundo e, pouco depois de serenada, faz-se límpido espelho para dessedentar o viajor exausto.

As árvores, quando têm os seus frutos arrancados na colheita, aprestam-se para nova floração e novos pomos para a mesa do homem.

A Providência Divina não ignora, na distribuição de benefícios, nem aqueles que, no delírio de seu orgulho, negam-lhe a ação permanente.

Trabalhe, portanto, sem cessar.

O mundo conturbado é hospital de almas que sofrem estranha anemia de amor. Requisita as vitaminas da indulgência e da resignação, da paciência e da renúncia a fim de que indulgência e resignação, paciência e renúncia sejam a fonte de seu rejuvenescimento.

Quando você se encontrar com os companheiros viciados no desculpismo, não se coloque a acusá-los ou censurá-los. São eles dignos de muita piedade, já que solapam, a seu prejuízo, a disciplina e a oportunidade que lhes são ofertadas para elevarem-se na hierarquia espiritual.

Ouça-os e ajude-os, discretamente.

Jornal

Capítulo 33

Referindo-se agrestemente às atitudes do cônjuge, ela ponderava em termos de insatisfação pessoal:

– Ele se comove com os pobres que morrem à míngua, mas não sabe onde começar para impedir que isso aconteça.

– Jamais o vi estender esmola que fosse a um mendigo.

– Jamais o vi dar uma gorjeta generosa, um auxílio a um necessitado. Muito pelo contrário, sempre o vi repelir os pobres ou, pelo menos, evitá-los, como se lhe causassem asco ou lhe fossem demasiadamente antipáticos.

– Fala muito sobre a Humanidade, mas pouco se lhe dá aos que sofrem.

– Falta-lhe humildade, coragem, capacidade de traduzir grandes sentimentos.

Transplantando essas observações para o seu campo íntimo, para a área de suas atividades pessoais, quantas vezes você não se identificará com essa infeliz criatura, que, capaz de descortinar as necessidades do próximo, mostra-se incapaz de socorrê-las com desprendimento e abnegação!

É quando você aspira, mas não faz.

Propaga, porém não realiza.

Torna pública a dor de todos, sem pensá-la.

Fotografa chagas, negando-lhes medicamentos.

Chora pelos sofredores, guardando mãos atadas.

Planeia nobres benefícios, fugindo de corporificá-los.

Ama a pobreza – e repele o pobre!

O Espiritismo-cristão, que você abraçou por roteiro de vida, convida-o a exteriorizar os ideais acalentados:

– ter coragem de viver o bem;

– exemplificar o amor em você mesmo;

– exercitar a renúncia santificante;

– combater o egoísmo que se enquista em sua alma;

– extirpar o egoísmo que lhe ensombrece a visão.

É preciso traduzir sentimentos em obras.

Fosse a Humanidade carente tão só de belas palavras e brilhantes páginas literárias, não teria Jesus se corporificado neste Mundo a fim de trazer-lhe, pessoalmente, na vivência do cotidiano, as páginas vivas de seus exemplos eternos.

Nem só de pão
Capítulo 34

Você se iniciou na Caridade.

Começou por distribuir migalhas, socorrendo o corpo perecível, intuindo-se, pouco depois, da importância da caridade moral para o reerguimento espiritual de quem sofre.

O corpo vive do pão; o Espírito, de ideias.

Aceitando que é indispensável o alimento que equilibra as forças orgânicas, mas que a fome retornará inevitavelmente, você confia o seu coração no propósito de suprir as necessidades da alma.

Buscará provisioná-la de noções da eternidade, da lei da reencarnação, da resignação construtiva perante o sofrimento, do esforço do Espírito para libertar-se de suas paixões.

Você, então, é despenseiro no reino do Espírito.

O infeliz, amparado pela caridade moral que se ilumina na fé religiosa, tornar-se-á fortalecido, chegará a bastar-se a si mesmo. Longe de marginalizar-se espiritualmente, virá transformar-se naquele que, além de socorrer-se, terá condições de estender ajuda fraternal aos que ainda ontem lhe comungavam os lancinantes problemas.

Não hesite mais.

Associe, ao campo da benemerência, o amor fraternal de sua convicção Espírita, a fim de que o amparo ao semelhante não se torne instrumento de humilhação, de dores e de censuras azedas, tão unicamente porque seu coração esteja ausente no ato de dar.

Dando, dê-se a si mesmo.

Não sinta na caridade uma obrigação ou um dever, que cumprirá a contragosto, desejando salvar-se. Aprenda a exercê-la pelo prazer, pela emoção indescritível de abraçar com ternura, com esperança e com confiança no Pai Celestial, todos os que, hoje, requisitam os seus melhores e mais nobres sentimentos.

Além do pão que reajusta a mesa, você estará induzindo a todos para que atinjam os cumes iluminados do Evangelho, suavizando as agruras morais de duras expiações.

Jesus já lhe assegurou:

– Nem só de pão vive o homem!

Assistência

Capítulo 35

Você aceita a urgência da assistência fraternal.

Você tem por certo, após a prédica da Doutrina Espírita, que se encontrará com Jesus no companheiro em dificuldade, na família em sofrimento, no desnudo que roga por abrigo, na gestante que perece à míngua de socorro.

Você quer ajudar.

Seus olhos, porém, demoram-se nos portais das grandes instituições de benemerência. Um como que sentimento de frustração lhe varre a alma, porque se reconhece desprovido dos recursos para obras dessa natureza.

Elas também são necessárias.

O Espiritismo, porém, é cristalino.

Se uma sala apropriada facilita a organização do amparo, nada substituirá o calor humano que você deve transmitir aos que choram e sofrem.

Se uma equipe de boa vontade dá cobertura a uma faixa apreciável de desprotegidos, em época alguma se dispensará a modesta presença de quem tenha preces na alma e mãos no trabalho.

Se uma diretoria assegura ordem e disciplina, jamais se anulará o gesto de amizade, as lágrimas de piedade, a pronta cobertura de uma alma a amparar outra alma em desesperação.

Não se condicione às edificações de alvenaria.

Caridade é amor que se corporifica.

O amor, em si, tem por sede a alma humana.

E sempre é tempo de amar.

Você não poderá, evidentemente, solucionar todos os problemas e angústias do mundo. Mas estará acendendo a luz da esperança no âmago de quem sofre e que, talvez, já estivesse à beira de um precipício insondável.

Seja fraterno, aqui e agora.

Lute contra a solidão em que se ilham os filhos da dor, a fim de que as claridades de um novo dia existam para todos.

Jesus não deixou, na esteira de seus passos, nenhum sinal material de sua presença entre os homens. Levantou, contudo, o Sol do Amor para toda a Humanidade.

Exprimiu-se com amor e por amor.

Siga-o e você será realizado.

Falso sentimento

Capítulo 36

Liberte o bom sentimento de sua alma.

Se o Evangelho já lhe endereçou o convite para a renovação e se, na intimidade, você sente a necessidade do amor fraternal sublimado, reconstrua seus comportamentos, externando-se pelas pautas do equilíbrio.

Não mais refreie o impulso afetivo.

Se ama, não encene os dramas do coração ímpio.

O mundo, hoje mais do que ontem,

sofre a inflação de comportamentos exóticos. Há uma onda esmagadora de egoísmo e de orgulho. As criaturas, por vezes, primam por apresentar-se quais se fossem gladiadores, disputando a vida numa luta aberta com o seu semelhante.

Não se envergonhe do gesto afável.

Não protele a radiação da amizade.

Não adie as expressões de ternura.

Abra o dicionário e, na letra h, destaque para a sua reflexão o termo: *hipocrisia*. A sua origem, informam os estudiosos, é do grego *hupocrisia,* que significa exatamente: *forma tardia.*

A bondade que se sepulta sob falsos conceitos de equilíbrio emotivo da atualidade; sob alegações de masculinidade; debaixo de argumentação de previdência, à guisa de autodefesa – essa bondade tardia, que não se manifesta, talvez pela vergonha de você ser catalogado por bom ou por tolo, essa bondade tardia é, por extensão, uma forma de hipocrisia.

Você se manifesta com falsos sentimentos de dureza.

Fingir uma virtude que você não tem é prejudicial para o seu mundo de relações e, acima de tudo, para você mesmo. Escamotear, porém, uma qualidade que se desabrocha é tanto ou mais prejudicial ainda, porque é um falso atestado de suas convicções e retarda a marcha do bem.

Você é examinado por todos.

Aqueles que anotam o seu comportamento, por viverem na província de suas lutas reencarnatórias, não raro recolhem de você, queira ou não, o estímulo para aproximar-se ou distanciar-se das fontes de renovação espiritual que você abraça.

Se você for falso com eles, responderá pelos agravos que se verificarem nas suas experiências. Uma palavra, uma atitude, desencadeiam imagens e indução que são coletados pelos circunstantes e que se transformam em impulsos ou refreamentos para o mal ou para o bem.

Você é coautor da evolução universal.

Externar o que de mais puro você estiver recolhendo, na área do Espiritismo-cristão, é de extremada urgência, a fim de abrandar as procelas morais que varrem o panorama da Terra.

Evite que a bondade seja uma *forma tardia* de suas afirmações na escola terrena. Pague o tributo de carinho e de compreensão que você deve ao mundo, para que o mundo lhe devolva, nas leis de ação e reação, o mesmo carinho e a mesma compreensão que almeja para você mesmo.

Quem

Capítulo 37

Raramente alguém se colocará tão alto, numa artificiosa torre de marfim, para desse mesquinho mundo de egoísmo coriscar ameaças ou articular reprimendas que estourem os tímpanos espirituais dos companheiros de romagem.

Certo é que todos necessitam de reforma íntima.

Você, como Espírita, porém, não se vestirá na roupagem de um policial de costumes ou de um fiscal de comportamentos, disposto a desnudar mazelas para reprimi-

-las com palavras ásperas e ácidas, qual se todos fossem réprobos incorrigíveis.

A agressão verbal é chibata fluídica.

As *duras verdades* do Evangelho, assim como as mais diretas e cruas observações da Espiritualidade Maior, são judiciosas e estimulantes ponderações, sem azedume, induzindo à descoberta dos defeitos íntimos. Não deixam, no seu rastro, o desalento, o desânimo, nem são o féretro da vontade titubeante.

Se você lamenta as deficiências morais e intelectuais da Humanidade, sem ofertar a mão, por certo estará minando virtudes embrionárias, ofuscando com luzes que nem todos podem suportar.

Se você verbera contra as guerras de conquista, sem mostrar a paz íntima em si mesmo, tão somente fermentará rancor contra os empreiteiros bélicos, atirando os homens da paz contra os homens da violência e do poder.

Se você destaca a ausência da tolerância mútua, sem mostrar o Evangelho do Senhor na sua vida, tão somente promoverá um desfile de anomalias morais dos que não venceram a si mesmos, induzindo-os a repelirem-se quais enfermos incuráveis.

Se você proclama a falta de leitura nobre, sem empenhar-se em tornar o livro acessível a todos ou sem jamais ler, em alta voz, páginas de extraordinária significação espiritual, somente humilhará os tardos de entendimento, os que não disponham de recursos imediatos, os que mal conseguiram vencer a cartilha elementar e já foram remetidos à liça para a solução de questões difíceis.

Se você destaca a Caridade por salvação, prendendo-se a referências a respeitáveis obras de alvenaria, olvidando a caridade moral que não requisita valores amoedados, na certa estará deprimindo aos que, muitas vezes, não contam com financiamento nem sequer para a condução que poderia levá-los de volta ao lar, aos que não podem arredar pé de junto do familiar enfermo, aos que vivem em tetos paupérrimos, e, notadamente, triturará o coração dos assistidos de hoje.

Você não foi chamado a duelar com o erro. Não se aprisione na posição de quem apenas chibateia os enganos de outrem. Sua necessidade é de transmitir alento, palavras de consolo e esclarecimento aos sofredores, estímulo aos carentes de fé, porque você é uma seta a apontar o futuro de esperança, segundo o Espiritismo-cristão, para quantos não possam ainda descortinar o luminoso horizonte do Amanhã.

Vaidade

Capítulo 38

É útil, vez por outra, examinar a vaidade.

Olhar-se demoradamente no espelho ou deter-se nos detalhes da peça do vestuário e nos retoques dos cosméticos, numa correção da elegância, não são os sintomas mais graves da vaidade, porque isso só afeta diretamente a você. Outras manifestações mais sérias existem que levam prejuízo aos que compartilham de sua caminhada.

Hoje você observa alguém tentando

elevar-se espiritualmente, numa batalha surda e sacrificial contra o passado e os defeitos pessoais. Razoável seria ofertar-lhe a sua simpatia, o seu apoio, mesmo que ele venha a elevar-se acima de você mesmo. Deverá guardar a certeza de que muitos outros já lhe ofereceram amparo e muitos ainda lhe servirão de suporte para a ascensão.

Nesse momento, lute contra a sua vaidade.

A sua manifestação, não raro, transparece no tom de ironia ou de falsa superioridade com que você se externa ao esmiuçar a porfia regenerativa do companheiro:

– Se desejasse aperfeiçoar-se, não agiria assim.

– Se é candidato a anjo, deveria exibir plumas nas asas.

– Nesta encarnação, seguramente pode desistir.

– Quem nasceu para cavalo não chega a cavaleiro.

– É assim por fora, mas veja por dentro!

Como você não se dispõe a aparar as próprias arestas – ou crê já tê-las aparadas! – promove uma campanha de descrédito, a fim de que a sua vaidade não sofra. Prefere que todos permaneçam refocilados na lama.

Outras vezes, você não exige a imediata santificação. No entanto, não deixa de ilhar o amigo que luta para domar as suas más paixões, segundo a recomendação do Espiritismo-cristão, com outros desatinos, afirmando:

– Pau que nasce torto não endireita.

– Cesteiro que fez um cesto faz um cento.

– Onde há fumaça, há fogo.

– Por acaso não sei de seu passado?

E, após relacionar mental e verbalmente as estatísticas das falhas de seu companheiro – coletadas no departamento de lixos morais –, você assegura que, mais uma vez, ele será escravo do charco de que almeja libertar-se.

A vaidade, não raro, toma as aparências de piedade, de falsos conceitos de obsessão, de falsa superioridade de seus julgamentos, de falso bom senso, que você alardeia possuir. Não deixa de ser apenas o seu receio de que alguém que lhe era semelhante venha, à custa de inauditas renunciações, conquistar posição superior à sua.

Cuide, portanto, do autoexame.

Surpreenda e desarme a vaidade, quando ela lhe sugere as setas da maledicência, forjando e utilizando as lâminas da calúnia, envolvendo a sua mente nas vibrações umbralinas, obstando que entrem no Céu os que querem entrar, sem que você seja para eles pedras de tropeço.

Não confundir

Capítulo 39

– Nunca falei mal de ninguém.

Esta afirmativa singela brota naturalmente em seu coração, justificando que jamais você entreteceu palavras desairosas sobre a vida de seu próximo.

Jamais inventou qualquer defeito de caráter.

Nunca fez enredos e dramas.

Em tempo algum urdiu mentiras difamantes.

– Nunca fui maledicente!

Em realidade, porém, você poderá estar confundindo *maledicência* com *calúnia*, sem se aperceber que essas duas deficiências da alma são inteiramente distintas uma da outra.

Calúnia – é criar um vício inexistente.

Maledicência – é comentar os defeitos que realmente o seu semelhante transporta.

Eis, pois, que, ao verberar contra os atos da maledicência, os Mentores Espirituais alertam sobre os perigos fluídicos de alimentar diálogos animados ou sorrateiros, ingênuos ou maliciosos, sobre as deficiências de comportamento de seus irmãos de romagem.

Observe que, diariamente, as falhas dos que vivem no seu círculo de relações se transformam no prato da hora com que você se nutre. Servem de sustento para as mentes habituadas ao odor e ao charco das paixões humanas.

Você comenta omissões de Administradores.

Derrama azedume sobre a ganância de comerciantes.

Destaca as inconveniências de alguns amigos.

Faz um Raio-X dos inimigos.

Relaciona a ineficiência dos agrupamentos religiosos.

Tudo isso é simplesmente maledicência.

Se você retirar todos esses hábitos de seu interior, abruptamente, verificará que se esgotaram os temas prediletos de seus diálogos. É que uma esmagadora percentagem de suas relações verbais e auditivas estão saturadas de comentários sobre deficiências morais, culturais, profissionais e familiares de seus semelhantes.

Seria morrer de inanição!

O que faleceria dentro de você, porém,

seria o homem milenarmente viciado que se aprisiona às zonas mais baixas da espiritualidade, cultivando atitudes de insanidade. Com o Espiritismo-cristão, renascerá em você o homem novo, liberto do jugo de paixões, com novos temas e novos hábitos, à luz do Evangelho.

Contenha

Capítulo 40

Contenha o verbo agressivo.

O homem do mundo não terá dificuldades em articular palavras contundentes sempre que se presumir empenhado na própria defesa ou quando se julgar cumprindo um dever de honra, por sentir-se ofendido.

Contenha a audição desequilibrada.

Milhares de companheiros de caminhada terrena se deixam render às sugestões dos sons da calúnia e dos silvos da maledicência, inebriados em crocitar sobre os lixos morais do semelhante, qual se lhes fosse impossível o distanciar-se de comentários acres e picantes acerca da conduta alheia.

Contenha o braço agressivo.

Quase todos serão capazes de acionar os membros superiores no revide físico à sua sensibilidade enfermiça, no entanto, bem poucos saberão movimentá-los no gesto de carinho em favor de amigos e até dos próprios inimigos.

Contenha a visão entenebrecida.

Incontáveis criaturas situarão a bênção do olhar nos pantanais das paixões humanas, demorando-se em descobrir traços de malícia e de maldade até nos atos da mais pura fraternidade e benevolência, incapazes de ver virtudes nascendo nos pântanos da alma.

Contenha os passos transviados.

Sem muito esforço, você mesmo poderá identificar as veredas que um dia elegeu por caminho, olvidando a renúncia que poderia conduzi-lo à própria regeneração.

Todos estão habilitados a repetir os próprios desatinos, porque são eles verdadeiras reações espontâneas, nascidas do hábito que sedimentaram no curso de vidas inúmeras.

A hora, porém, é de renovação.

Para você seguir pelos mesmos caminhos de sempre, ou porque lhe seja mais confortável ou porque é a conduta mais comum – bastará um nada de esforço, é verdade. Você terá, porém, de recolher as consequências inevitáveis, no dia a dia de sua existência.

Evite os vales sombrios quando há luz.

Trabalhe na renovação íntima, no programa de sua regeneração espiritual, sob a bênção do Evangelho explicado pelo Espiritismo-cristão. Por mais difícil lhe pareça a realização, por mais estreito lhe seja o caminho, por mais distante aparentemente se sinta dos outros – Você conquistará a própria felicidade.

Ofensa

Capítulo 41

Toda ofensa – friamente exumada – é tão exclusivamente um arranhão provocado na sua vaidade pessoal. É alimento para o amor-próprio, convidando o orgulho a manifestar-se pelos seus lábios, numa demonstração da importância que você atribui a si mesmo.

Aprenda com os humildes de espírito.

Desafiados pela ofensa, jamais se entregam à sensibilidade doentia. Estão providos de coragem para fazer as seguintes considerações, em seu mundo interior:

– Se o que dizem é uma verdade, que direito me assiste de rebelar-me, desperdiçando a oportunidade de corrigir-me com uma observação sobre minhas fraquezas?

Ou então:

– Se o que proferem é uma injúria pessoal, por que haverei de investir o tesouro do tempo para defender-me, se toda defesa implicará em realizar o plano das Sombras, que visa atirar-me contra o confundido ofensor de hoje, tornando difícil a reconciliação amanhã?

Se você ignorar conscientemente uma ofensa, acolchoando-a em ouvidos moucos, não contribuirá para ampliar a área de atritos e terá maiores condições de que o ofensor não se constranja na sua presença.

Sabendo, pois, que chistes e ironias, referências levianas, e até agressões verbais, são frutos amargos de almas enfermas –, você poderá transmutá-los em exercícios para as virtudes que abraçou no Espiritismo-cristão, comportando-se qual árvore que retribui com novas cargas de frutos, na safra do amor, as abençoadas varadas.

Se é lícito estudar o como suportar as ofensas, não deve olvidar, por outro lado, que jamais você se deverá transformar em ofensor. Se você se adestra na prática da tolerância, deve distanciar-se dos despenhadeiros em que se arrojam os ofensores.

Ame os inimigos – no convite de Jesus.

Ame, também, o seu próximo, sem que você se eleja a espinheiros para os pés alheios, nem se torne uma pedra na rota do semelhante.

Resignação

Capítulo 42

Resignação, na sinonímia Espírita, não compreende:

– Você confiar-se ao desalento, diante dos problemas e expiações que o visitem;

– Você entregar-se ao desânimo enfermiço, aceitando passivamente a sua vida anterior, sem o esforço de reconstruir-se no presente, mudando o destino por bem aproveitar as lições amargosas do momento;

– Você vestir-se com calúnia, ajustando-se à posição de vítima, fugindo do trabalho e nada empreendendo que, com a bênção do tempo, venha a comprovar a sua simbiose com a Espiritualidade Maior;

– Você aceitar, sem nenhuma atividade nobre, os últimos lugares na vida, esquecendo-se de que o último, no Evangelho, não é o inoperante, o omisso, o que recua diante das provações, mas o seareiro humilde que aceita e desenvolve a sua tarefa sem disputas vãs;

– Você esquivar-se de tudo, temeroso de ferir suscetibilidades doentias, calando-se diante do esboroar dos mais sublimes projetos do Senhor em realização na Terra.

Resignar-se é aceitar as próprias deficiências, reconhecendo as suas limitações íntimas, identificando a sua autêntica posição na constelação da grande família universal. É, senhor de si mesmo, conhecendo-se por dentro, empenhar todas as suas forças para reparar o passado e edificar nobremente o porvir.

Não confunda resignação com inércia; resignação com desalento; resignação com conformismo; resignação com silêncio comprometedor, já que você não poderá olvidar que Jesus, Mestre e Senhor, foi resignado aos ditames do Pai Celestial, mas corporificou o Bem e, em nenhum relato do Evangelho, anota-se que Ele fora visto de cabeça pendente, de braços inertes, de verbo calado diante do erro, temeroso diante das tarefas, inoperante ante o mal, tão somente para que os homens, ao vê-lo, afirmassem:

– Esse é realmente o último!

Companhias
Capítulo 43

Você se entregou ao rancor.

Fechando-se para o mundo de fraternidade nesse estado de quase loucura, invisíveis, mas poderosas, radiações fluídicas de alto poder destrutivo passaram a bombardear-lhe as vísceras, criando-lhe um mal-estar indefinível.

Espíritos infelizes vieram visitá-lo.

Você passou a servir de pasto para os apetites grosseiros que se alimentam das emanações deterioradas de sua mente, numa estranha simbiose com a dor.

Você se anunciou perturbado por má influência.

Quando a pressão inferior se fez mais dolorosa, alguém lhe recomendou o perdão como remédio para o reequilíbrio da afetividade. E, ao sentir estreitar-se o círculo, você disse:

– Eu perdoo!

Mil vezes você entreabrirá os lábios, impaciente, afirmando que perdoa. Mil vezes rogará que os desafetos o perdoem, querendo movimentar recursos para safar-se do clima vicioso.

Contudo, enquanto a afirmação verbal não corresponder a uma renovação de seu mundo íntimo, uma troca de matrizes mentais, será baldo todo o esforço que fizer.

É que, dentro do mundo de vibrações mentais que movimentou à sua volta, você criou o *habitat* para almas que se assemelham, que se afinam a você mesmo. E como os Espíritos inda próximos do palco de suas lutas se compensam com o seu rancor, alimentando-se com as radiações originárias de desequilíbrio do coração, as afirmações convencionais e superficiais não têm a força da renovação almejada.

No mundo visível, os vícios que você nutra determinam a companhia menos ou mais marginal. No mundo invisível, são as suas aspirações íntimas, os seus mais secretos e constantes pensamentos, que estabelecem e escalonam a categoria de Espíritos que formarão a sua constelação ou grupo espiritual.

Se deseja companhia melhor, melhore-se.

Remédio e cura

Capítulo 44

Você manteve contato com tocantes mensagens.

Conheceu-as diretamente nos livros da Doutrina Espírita, vazadas pela mediunidade ou nascidas da experiência de companheiros de romagem. E, no núcleo de sua fé, muitas dissertações de incontestável valor moral já o alcançaram, despertando-lhe admiração.

Você até já disse, diante das revelações:

– Isso é uma verdade!

– São as necessidades do momento.

– Parece que leram meus pensamentos...

Outras afirmações semelhantes já moraram em seus lábios, espontaneamente, exprimindo a sua inteira aprovação ao que lhe foi dado ler e ouvir.

Que estaria faltando em sua vida, então?

Transporte-se para uma clínica médica.

O facultativo, após os exames, apresenta um diagnóstico. Detém-se a informar sobre as origens do mal e, por vezes, desce às minúcias das anomalias se você evidenciar condições de acompanhá-lo.

Após, confia-lhe uma receita.

Seus ouvidos trarão o som de sua voz, sua memória poderá reeditar repetidamente as recomendações, enquanto você revê a receita. Contudo, se você permanecer embevecido com o diagnóstico, perplexo com as indicações de tratamento, louvando o sacerdócio da saúde, buscando nos dicionários especializados outras informações sobre a sua doença, sem usar os medicamentos nem seguir a orientação do médico, jamais você alcançará a cura.

O mesmo ocorre no mundo das mensagens espirituais.

Elas falam de suas anomalias, analisam a estrutura espiritual, revelam as leis de ação e reação, indicam o Evangelho do Senhor por medida definitiva. Contudo, aí também, se você não usar o remédio, jamais alcançará a cura.

Deveres e direitos

Capítulo 45

Não é preciso muito esforço.

Um superficial exame que você faça lhe permitirá reconhecer que, na atualidade, o homem está muito ocupado em descobrir seus direitos, desocupando-se de responder pela parcela de contribuição que lhe cabe dar a favor da Humanidade.

Raros os que indagam:

– Que devo fazer?

Mas são muitos os que alertam:

– Isto é meu direito!

Há um choque entre dever e direito, pendendo o fiel da balança viciada de suas preferências para o que sejam direitos, considerando-se até que o dever seja um incômodo contrapeso da civilização.

Cabe a você, Espírita-cristão, esposar o princípio do cumprimento de obrigações, a fim de que os menos avisados com referência à sua posição no seu mundo-escola venham, um dia, a consagrar que o equilíbrio do plano repousa em "fazer aos outros o que quereríamos que os outros nos fizessem".

Deveres não são compromissos dolorosamente cumpridos.

Não haverá nenhum mérito em praticar o bem assim como quem transporta carga pesada demais para as suas forças, tudo fazendo amuado e desejoso de imediata recompensa.

Você só estará próximo de interpretar corretamente a sua origem divina, diante dos quadros da Vida Eterna, quando sentir paz ao amar o próximo, sustentando espontaneamente o desprendimento, a renúncia, a alegria íntima, sem que seus pés se arrastem pesadamente no caminho do bem.

Se você registra o impulso generoso de dar-se a si mesmo, em benefício de quem sofre, estará penetrando no clima espiritual do Espiritismo-cristão. E esse clima é o mesmo em que se sustentou Simão Pedro, quando caminhou pelo mar revolto de Genesaré ao encontro com o Mestre, superando as tempestades e as ameaças do mundo.

Revise-se, pois, no cotidiano.

Examine o seu comportamento, quando convocado a viver as lições da caridade. Busque identificar se já não sente as emoções do Céu dentro de você mesmo.

Você tem o direito de maioridade espiritual.

Cabe-lhe, todavia, aceitar os deveres paralelos, certo de que a independência de decisões e de atos exige correção de aspirações no código divino da conduta equilibrada.

Seu relógio

Capítulo 46

Você aguardará em vão a sua hora de trabalho nobre, no campo da Espiritualidade, enquanto sustentar as mãos vazias, desocupadas das pequenas tarefas que lhe pedem paciência e perseverança.

A todo momento, em toda parte, segundo a segundo, o sofrimento de seu irmão lhe baterá às portas do coração, rogando amparo.

Verifique o seu relógio.

Soou a sua hora.

Não espere, contudo, que o trabalho seja recolher bênçãos, já que você ainda nem sequer se empenhou em arrotear o solo para a sementeira do amor.

A dor buscá-lo-á, rogando a manifestação da resignação e a luz de seus conselhos, transportada por irmãos angustiados e rebelados e, então, a sua bondade há de fazer-se presente, a fim de amparar os filhos da aflição.

A maledicência seguirá seus passos, estabelecendo a necessidade do perdão e a prática do esquecimento de ofensas, para que o maledicente abandone, a pouco e pouco, o charco em que se arrojou imprudentemente.

A sua família poderá tornar-se o preâmbulo de uma tempestade de recriminações e, com isso, será a candidata mais próxima da indulgência, para que um dia o sol da paz seja de novo presente em seu lar.

A enfermidade passageira e também a que se mostra rebelde a todo o tratamento irão procurá-lo dentro do ninho doméstico, na pessoa de um parente sem arrimo ou de alguém que lhe seja caro ao coração, e a prece e a calma se inscreverão como o amparo celeste aos que sentem a alma atravessada pela adaga da revolta.

Verifique sempre o seu relógio.

O momento da prática do Bem surge a cada minuto, criando a verdadeira noção de tempo espiritual. Você deve valorizar a oportunidade de servir, cultivando virtudes de duração eterna.

Basta que você liberte os seus olhos das paisagens de rotina a que se imantam e sua visão encontrará o trabalho que o Senhor lhe confia, na hora certa, onde você estiver, e que dependerá tão somente do concurso de sua boa vontade para corporificar-se de pronto.

Justiça

Capítulo 47

Procedendo a ligeiro balanço de sua existência na face da Terra, algumas vezes você se ajusta na posição de criatura vitimada por acontecimentos desagradáveis, um injustiçado e incompreendido.

Revive a figura do chefe atribulado que não reconhece seus esforços e que ignora suas necessidades, reduzindo-o a um regime de quase cativeiro.

Recorda dos mais idosos, alegando que eles não o têm compreendido, dirigindo-lhe olhares de reprimendas e excesso de "não faça isso".

Arrola, uma a uma, as pequenas deficiências dos orientadores do seu templo de fé, catalogando-lhes as omissões e os desequilíbrios, as intolerâncias e o mau gênio.

Memoriza os parentes difíceis, os irmãos que caíram, os amigos fracos, os inimigos de seus projetos pessoais, os que combatem os seus desejos...

Faça, porém, uma tomada de posição daqueles que se encontram em seu caminho como dependentes, e que poderão, por sua vez, estar reclamando do seu comportamento:

– o filho que, no lar, permanece sem afeto;

– o cônjuge perseguido pelo olhar de ciúme;

– os pais velhinhos que atingiram a

senilidade, após anos de sacrifício e de renúncia, e que se sentem despoticamente dirigidos por sua mão;

– os amigos que, numa circunstância amargosa, recorreram a seus préstimos e que, pelos favores que lhes dispensou, foram atrelados à sua vida à maneira de servos;

– os companheiros de tarefas que poderão estar sendo recobertos de ironias e de reprimendas;

– aqueles que perecem em grandes lutas, por falta de sua colaboração dedicada.

Você, que reclama sobre o autoritarismo que lhe atribula a existência, poderá estar exercendo o mesmo autoritarismo sobre aqueles outros tantos que dependem de você.

Refaça o exame de consciência.

Acolha, compassivo e resignado, os

seus superiores e exerça a autoridade que lhe toca com o coração nos lábios, com afeto no olhar, com brandura nos gestos, para que a sua autoridade construa a justiça da paz, a justiça do amor, a justiça do bem – que você tem rogado a favor de si mesmo.

Fraquezas

Capítulo 48

Uma enfermidade do coração: a vergonha de ser bom.

***

Quando você se deparou com a criatura sofrida a suplicar-lhe ajuda, levou a mão ao bolso para modesto óbolo. Foi quando lhe interromperam, dizendo:

– Não sustente vagabundos!

Você se retraiu e, perturbado, estugou os passos, sem completar o gesto de solidariedade, duvidando se estaria auxiliando ou não.

***

Quando a jovem lhe dirigiu a palavra, como quem estivesse faminta de consolo e de entendimento, você se aprestou a ampará-la. Contudo, alguém advertiu:

– Ela tem má fama. Isso lhe trará aborrecimentos.

Você, então, calou-se, sustando a fraternidade.

***

Uma comoção intensa e doce apoderou-se de sua alma, espremendo-lhe do coração as lágrimas, na manifestação de uma sensibilidade em desenvolvimento. Todavia, alguém já lhe dissera:

– Um homem não chora!

Bastou tal recordação para que, num

sorriso contrafeito, você afugentasse os sinais do amor que perolavam seus olhos com a luz da afetividade.

***

O companheiro agrediu-o com expressões ferinas e humilhantes, e você se retraiu apiedado com o quadro do desequilíbrio. Mas Você ouviu:

– Reaja, homem! Reaja...

Você, aí, olvidou a indulgência.

***

Essa curiosa fobia espiritual, a vergonha de ser bom, nasce do vírus dos preconceitos sob os quais você deforma a criatura divina que existe em seu interior. Arde como febre e pode propagar-se como epidemia, já que os figurinos de conduta, algumas vezes, aproximam o homem da fera.

Abandone as paixões.

Você precisa reagir com firmeza e decisão, sob as luzes do Evangelho, para sentir a virtude a instalar-se na sua alma. A manifestação da bondade é o sintoma da saúde do espírito que se restabelece, após milênios de enganos e de cegueira.

Viajores

Capítulo 49

Hoje o dia lhe foi exaustivo.

Ânimo firme!

Amanhã haverá novos sóis, em novas auroras, se ao invés de pender a cabeça fixando os pés, você levantá-la e contemplar o céu, nutrindo-se da esperança que vem do Alto.

Quem se detém a fitar o solo relacionará vermes; quem se volta para o horizonte divisa o Infinito.

※ ※ ※

Cuidado com o desespero!

Ele altera o seu organismo. Fígado, rins, estômago sofrerão o assédio da angústia envenenada.

A oração silenciosa, mesmo nascida entre lágrimas, é a vibração que lhe carreará, para o íntimo, todas as energias divinas que atuarão a seu favor.

※※※

Volte para o Lar.

O seu retorno, por vezes, poderá representar um reingresso no cadinho de provações. Contudo, lá é que se situam as almas com quem você tem compromissos e com as quais deverá resgatar débitos.

Multiplique seus recursos de paciência.

Seja tolerante.

Nem tudo, então, lhe parecerá tão azedo nem tão difícil, tão problemático e tão espinhoso.

Pague-lhes a compreensão e a ternura de que são credores.

***

Alguém lhe causou prejuízo.

Examine-o sem paixão.

Ele terá pais velhinhos a requerer-lhe todos os esforços; esposa enferma que lhe consome as energias e o bom ânimo; filhinhos famintos a pedir-lhe pão; credores intolerantes que lhe furtam a tranquilidade; compromissos diversos que o perturbam terrivelmente.

Se você examinar a aflição alheia, descobrirá as causas ocultas que, não raro, tornam cegos os companheiros, enredando-os em quedas lamentáveis.

Ore, então, por eles.

***

Falam de conturbações.

Contenha-se.

Não se deixe conduzir pelos pensamentos alheios ou pelo desespero que induz ao desequilíbrio.

Observe que as criancinhas continuam chegando a seu plano de vida, traduzindo a confiança de Jesus na Humanidade. Anote a natureza desbordando-se em flores, em pleno inverno, e as flores perfumando a atmosfera na canícula. Descubra as fisionomias quase angelicais que se cruzam no seu caminho. Detenha-se a ver que seus próprios familiares buscam ler em você o Evangelho vivo.

Assim você descobrirá mensagens de paz que descem dos Céus, dia após dia, abrigando-se nos corações, para que você se volte para o Alto e irradie as energias superiores que lhe dormitam no ser.

Crianças

Capítulo 50

Coragem, amiga!

A justiça cotidiana dos homens poderá condená-la, e você poderá sentir o olhar da malícia e do ridículo despejando-se sobre os seus passos.

Coragem, porém!

A criança que lhe virá aos braços será a virtude dos Céus a bendizer-lhe os dias, cadinho de sua regeneração espiritual.

Não olvide jamais que só o Pai concede a vida, e, se o Pai Celestial confiou uma vida ao seu seio de futura mãe, tome-se de fé, que o Alto estará a ampará-la.

＊＊

Reflita antes!

Não se confie ao impulso de despojar--se do germe latente que palpita no mesmo ritmo de seu coração.

Nele há mais que sangue e promessa.

Aí está, em si mesma, a esperança de uma alma aflita que quer libertar-se das algemas do sofrimento. E recebê-la, mesmo que sob sacrifícios, será um Bem que se creditará na Vida Eterna.

Confie em Jesus.

＊＊

Apague as lágrimas!

Nobre e justo desejar o filho de seu coração, com a sensação de que você lhe deu a vida inteiramente.

Tranquilize-se, contudo.

Há incontáveis criancinhas a chorar, suspirando por sentir, em torno de si, os braços da mãe que perderam, e essa poderia renascer no seu afeto maternal.

São os filhos espirituais de sua alma.

Jesus lhe pediu que renunciasse a ser mãe de um filho apenas, para que em você muitos reencontrassem a mãe que se foi.

Princípios

Capítulo 51

Justiça Espírita-cristã.

A Justiça, para os filhos da Luz, jamais se confunde com palavras que ferem ou deprimem, com gestos que retalham ou magoam.

Seja justo, exercitando a bondade.

***

A malícia enceguece.

O homem que se confia impunemente aos nebulosos comentários da maledicência que tudo deforma será candidato certo ao desequilíbrio da alma.

Somente o amor edifica.

***

Não há paz sem resignação.

Por mais respeitáveis os seus desejos, por mais fundamentadas as suas razões, não haverá prenúncio de paz interior, senão quando você aceitar a resignação construtiva.

Construir o bem levará a esquecer.

***

Abençoe seus desafetos.

Aqueles que não compartilham de seus anseios são os mestres distribuídos ao longo de seu caminho, indicando os perigos das paixões e das irreflexões.

Ame aquele que não o ama.

***

Construa o novo mundo.

Se você se compraz com as serpentes e os espinheiros que se sustentam no campo abandonado de seu coração, deixará de ajustar-se ao plano do Senhor Jesus e não edificará o mundo de virtudes no velho mundo das paixões.

Sem coragem no começo, nenhuma obra se constrói.

***

A criança é o futuro.

Mas por ser, igualmente, a expressão do passado, se a disciplina não se eleger a dever fundamental, nada efetivamente de promissor dela se colherá.

Tendo Jesus, no Evangelho, convidado: "Deixai venham a mim as criancinhas" – não tomemos a posição de pedras de tropeço, anunciando que é cedo demais para conduzi-las ao Mestre, porque, mais tarde, com vícios cristalizados, é sempre difícil a tarefa de expiação.

O Senhor é Mestre para todos os tempos.

Contrastes

Capítulo 52

Não alimente primitivismo mental.

Se você desfolha, abertamente, uma revista que induz às paixões menos dignas, não esconda envergonhado uma outra que fala do Criador Divino.

Evite mistificar a si mesmo.

※※※

Evite contradições.

Você poderá, sem perceber, estar sustentando anotações sobre a conduta das demais criaturas, julgando todos os que atravessam pelo seu caminho e, quase sempre, considerando que é de absoluto mau-tom dialogar sobre os sentimentos religiosos.

Preferências individuais revelam o nível da alma.

***

Não catalogue virtude por desvario.

Se você se desgasta acumulando bens que permanecerão vinculados às riquezas terrenas, por pertencerem aos quadros da Terra, poderá estar relegando ao esquecimento o amor ao próximo e os tesouros de afeto que poderão acompanhá-lo por toda a parte.

O Bem é investimento do coração.

***

A bondade exige a sua reconstrução.

A demonstração de força pede simples exercício muscular. A exibição de poderes relembra feras. O rancor pode fazer vibrar as boas cordas vocais. A vaidade se edifica no artificialismo dos gestos.

Para ser bom, contudo, é preciso de coragem moral.

***

Personalidade é conquista laboriosa.

Pelos valores atuais do mundo, você pode confundir personalidade com expansões difusas de caráter bilioso ou com teatrais encenações de excentricidade, que mais não são que expressões de desequilíbrio espiritual.

A criatura anônima, que não será vista com relevância, pela profundidade de seu afeto poderá sublimar-se a si mesma, definindo com luzes a sua individualidade.

Personalidade é realização da alma eterna.

Pequenas realidades

Capítulo 53

Liderança é fenômeno inegável.

No campo do Espiritismo-cristão, porém, você não identificará o líder pelo magnetismo com que guia ou conduz quantos se ajustam à sua faixa mental. Sem que ele se anuncie ou tome a vanguarda pela força, você o reconhecerá pela vivência do amor ao próximo, induzindo silenciosamente, mais que conduzindo, as almas que se afinizam com as tarefas do Evangelho para a exemplificação das lições do Senhor, em espírito e verdade.

Cego a conduzir cego, caem ambos no abismo.

***

Discipline a sua língua.

A palavra irrefletida, na acusação de amigos e de desafetos que tombaram em enganos ou que se distanciaram da área de suas preferências particulares, pode significar a sua fuga do campo da fraternidade legítima.

Companheiros de banquetes não são amigos na dor.

***

Caridade começa no lar.

Por mais respeitáveis os sentimentos de solidariedade humana por ocasião das grandes calamidades que atingem regiões distantes, a afetividade real só se estabelecerá na sua alma quando você principiar por beneficiar os que se encontram no recesso do ninho doméstico.

Renda-se à dor dos presentes.

***

Renove a sua visão da Vida.

Há criaturas que atravessam a existência aprisionadas à lama que lhes recobre os pés; outros se nutrem dos mais dolorosos desajustes do mundo; muitas se algemam aos quadros de paixões.

Chafurdar-se na lama não é para o homem.

Você é chamado pela Vida para erguer a própria visão acima dos fenômenos menos edificantes do cotidiano. Se pelos pés você é compelido a palmilhar o pó, pela cabeça está próximo do Infinito.

Sinais

Capítulo 54

A higiene corporal assegura bem-estar físico, pela desobstrução de poros e estímulo à circulação sanguínea. A alma, no entanto, poderá estar possuída por estranho torpor, por faltar-lhe a prece, que é, para o Espírito, um banho de novas energias.

Seja a oração seu hábito constante.

***

Lembre-se da antena de televisão.

A períodos curtos, deve ter seus componentes renovados, a fim de ser a medianeira dos sinais que se transformarão em imagens, no complexo eletrônico a que serve.

Assim, também, nos fenômenos da alma.

Você vive a pressão e a influência do meio em que está imerso. Vez por outra vale, então, o reexame de seus ideais e sentimentos, para que sugestões e induções externas, carregadas de agentes deteriorantes, não venham a comprometer a sua harmonia.

Reflexão cristã ajusta o pensamento.

***

Espiritismo-cristão é portal de liberdade.

Alforriando-se, porém, dos conceitos usuais de quem só tem uma visão unilateral da existência, você ressurgirá com deveres maiores no panorama de suas relações.

O amor é o cântico do homem liberto.

※※※

Reencarnação é manifestação da Justiça Divina.

Confundido, todavia, sobre o significado sublime de Justiça, por tê-la feito sinônimo de castigo, você pode rebelar-se com as suas dores, sem compreender que a lição difícil só amplia o horizonte dos alunos mais avançados.

Reformule suas definições.

※※※

Olvidar vidas passadas é bênção.

Que diria a mãe se, contemplando o filho, no enternecimento do amor maternal, descobrisse no entezinho amado um adversário de outrora, rogando-lhe a seiva do seio para refazer o pretérito?

No afeto está a pedra angular da harmonia.

Temas atuais
Capítulo 55

O mundo não se transforma num repente.

Não poderá você evitar que se projetem dramas deprimentes nas telas cinematográficas; que se imprimam livros corrosivos; que se difundam jornais e revistas de teor ácido; que consagrem as paixões.

Abstenha-se, porém, dos alimentos duvidosos.

***

O instinto aviltado rebaixa a criatura.

Não será por temer que o qualifiquem com este ou aquele adjetivo menos agradável que você se abraçará, sem mais detido exame, às teorias e práticas de alguém que se diga na vanguarda de uma coluna que marcha para abismos.

Atualização pede bom senso.

***

O complexo não nasce na infância.

Embora lhe pareça cômodo atribuir à inabilidade paternal a multiplicação de suas preferências excêntricas, você sabe, hoje, com o Espiritismo-cristão, que os desníveis e conflitos de sentimentos são oriundos de sua última romagem terrena, sinais dos seus enganos de outrora.

Não vale acusar; cumpre retificar-se.

***

Todos repudiam as chacinas bélicas.

As guerras de conquistas sempre foram condenadas pelos amigos da evolução espiritual. Contudo, não vale agitar braços contra o monstro da desarmonia, nem apedrejar edifícios, nem apupar ou perseguir criaturas. Se a guerra é a opressão de um contra outro, não importa se envolve duas nações ou se é o atrito entre você e o seu próximo.

Paz só se conquista com paz.

***

Todos sonham com liberdade.

Examine, todavia, o recesso de seu lar, observando se você não está, ao governar seus familiares, criando regime de opressão em prejuízo de muitos.

Campeões da liberdade podem ser déspotas domésticos.

***

Disputamos o direito de falar.

Uma observação superficial que você

faça, no entanto, poderá pôr a descoberto erros da conversação sem propósito nobre, de frases ácidas, de termos agressivos, nos quais você desgasta a bênção do verbo livre.

A palavra vale pelo que constrói.

Como fazer

Capítulo 56

Após ouvir os apelos do Espiritismo-cristão, você aceitou ser urgente realizar alguma coisa a benefício de seu semelhante. Exprime assim as afirmações reais do anseio de conquistar a paz de Jesus, trazendo as mãos ocupadas.

Essa resolução é meritória e louvável.

Algumas vezes, contudo, convém analisar as suas atitudes, a fim de verificar não apenas o que você está fazendo, mas, acima de tudo, de que modo está agindo:

– trabalhando, você está nutrindo a fraternidade viva a favor dos que compartilham das tarefas?

– movimentando os braços e calejando as mãos, você estará também disciplinando a língua?

– ativando-se no serviço, você não estará, mesmo desapercebidamente, acotovelando os que repartem consigo a responsabilidade da obra?

– chamado para a liça, não terá olvidado que ali você deve iniciar a exemplificação de todas as noções de amor que recolheu no Evangelho-redivivo?

– participando de operações caritativas, onde lhe caberá retificar sentimentos, você não estará amuado e chocando-se contra os que respondem pelo conjunto, agravando-lhes as provações?

– levado a integrar os quadros administrativos das Instituições de sua fé, você não estará se alimentando com mágoas, atribulando os que tomaram compromissos maiores?

– para justificar seus naturais enganos, não buscará enodoar a vida alheia, apresentando-se sempre por vítima de circunstâncias e de adversidades externas?

– na ausência do companheiro, você não o terá condimentado, banhando-o no vinagre da censura?

– acusando Espíritos infelizes por perturbá-lo, você não estará querendo justificar seus próprios desvarios?

Se, desde os primeiros encontros com o Espiritismo, você ouviu anunciar que a caridade é o caminho da salvação, é importante que você observe como está trabalhando. Você deve distinguir se, a título de obra de caridade, não está deixando um rastro de venenos sutis, semeando divisões, fomentando discórdias, acentuando insatisfações, afastando obreiros e entenebrecendo a própria existência.

Ninguém negará o seu trabalho.

Mas não é lícito desconhecer que:

– a serpente trabalha destilando peçonha;

– os ratos vivem em constante atividade também;

– o câncer é obra de agente desconhecido;

– a lepra é, inegavelmente, obra-prima de um bacilo.

Você não foi chamado para trabalhar de qualquer modo. Foi, isto sim, convocado para exemplificar, nas tarefas coletivas, a bondade de Jesus entre os homens, traduzindo o Evangelho em cada palavra, em cada gesto, em cada oportunidade, aceitando que trabalho sem compreensão é incubação de ovos de serpente.

Tempo de espírita

Capítulo 57

Não basta ilustrar a memória.

Todo conhecimento é meio de realização.

Vale, por isso, empenhar-se na interiorização das noções do Espiritismo-cristão, modificando substancialmente a sua personalidade, sob a inspiração dos altos propósitos do Cristianismo-redivivo.

Para refundir-se por dentro, é urgente que você aplique os conhecimentos da

Doutrina às diversas circunstâncias da vida. Só dinamizando os postulados doutrinários na vivência do cotidiano, você descortinará novos campos para o raciocínio, alargando a visão do Universo e criando condições ideais para condicionar os seus reflexos ao nível dos ensinamentos preciosos.

Observando que, para criar, sustentar ou corrigir a forma física, o atleta se aplica metodicamente, disciplinando-se em dias, horários e séries de exercícios, aplique a mesma regra para a sua eugenia e plástica espirituais, criando, sustentando e corrigindo a estrutura central de sua personalidade.

Se você se reconhece com dificuldades para viver como Espírita o dia todo, estabeleça um horário, dentro do espaço de suas atividades comuns, para agir espiritamente. Esse tempo de Espiritismo em seus dias proporcionará uma consequência similar à que experimenta o atleta: dará flexibilidade para a sua alma, permitindo iluminá-la, a pouco e pouco, com os princípios que, agora, bailam na superfície de sua memória.

De conduta Espírita, destaque para o seu uso particular, nesse exercício de integração, alguma coisa que lhe pareça fácil e outra que lhe pareça difícil, procurando realizá-las no tempo de Espírita que você estabeleceu para si mesmo.

Você terá dificuldades de início.

A persistência em repetir os exercícios e a observação da própria conduta, porém, permitirão que você se corrija lentamente, adestrando-se para realizar o Espiritismo no campo de sua vida.

Vença o Umbral

Capítulo 58

Compulsando os livros da Doutrina, onde você repleta o seu mundo íntimo de preciosas e renovadoras informações sobre a Vida Eterna, você poderá ter-se contristado sobre o nebuloso futuro na espiritualidade, após examinar-se a si mesmo.

O Umbral parece-lhe inevitável.

Bastou um ligeiro exame de comportamentos, de aspirações, de atitudes interiores, para que você percebesse a simbiose contínua com as faixas menos felizes, ou seja, com a região denominada umbralina.

Esse pensamento precipitou calafrios.

Você poderá, contudo, recolher nessas revelações um forte estímulo para começar, a partir de hoje, a transpor os limites desse estado sombrio.

Nada de aguardar o porvir.

A perturbação consciencial que se registra após a desencarnação não precisará ser, necessariamente, uma longa estação de sofrimentos. Ela existirá por bênção, no desmaio de sentidos, como consequência da liberação dos fluidos mais densos da veste física. Porém, não se prolongará, a não ser que você esteja confundido quanto à própria Vida.

O Umbral está dentro de cada um.

Não é uma zona geográfica, circunscrita a este ou àquele ponto do globo terrestre, à semelhança de uma cidade ou de uma área restrita, onde os *ais* sejam partes integrantes da paisagem.

Ninguém vai ou deixa de ir ao Umbral.

Ou você já está nele ou fora dele.

É uma consequência de seus pensamentos.

A golpes de persistente e poderosa vontade, iluminada pelo Evangelho, você poderá romper com as amarras ou quebrar as algemas que o aprisionam a tão doloroso estado íntimo, a fim de que, de pronto, comece a alforriar-se da senzala que criou para si mesmo.

A sua conduta de hoje é a chave da libertação da estação invernosa após-desenlace ou, então, é a passagem compulsória a tais cadinhos, para retemperar o ânimo, melhorando os seus objetivos.

No Além, não valem alegações verbalistas.

Quer tenha sido este ou aquele o seu

credo religioso, quer tenha sido esta ou aquela a sua atitude filosófica, quer tenha desposado esta ou aquela escola científica, a sua própria consciência é que deitará luzes a seu derredor ou adensará sombras ao longo de seus passos, revelando-lhe as perturbações íntimas ou alcandorando-o a Postos de Serviço e de Socorro da Espiritualidade Operosa.

Jornais

Capítulo 59

O Espiritismo não prepara para a morte.

Você é conclamado, diariamente, pelas mensagens dos Mentores Espirituais, a viver no mundo, construindo, no local em que a reencarnação o situou, as bases do Reino de Deus, a partir de seu coração. Não está, portanto, sendo induzido a divorciar-se da lufa-lufa cotidiana, nem a fugir dos relatos feitos pela Imprensa.

Jornais são barômetros da Humanidade.

Allan Kardec, na sociedade Espírita que fundou em Paris, levava, juntamente com seus companheiros, o noticiário da Imprensa, os fatos da hora, para interpretá-los à luz da Doutrina. Era um exercício para aprender a raciocinar em termos de Espiritismo diante dos mais variados temas que o mundo propunha.

Não sustente você a mesma atitude, equidistante das paixões pessoais, e terminará confinado a um estudo artificioso de leis e princípios, qual se essas leis e princípios não fossem meios de orientar os próprios pensamentos nas diversas circunstâncias da existência.

Tome um jornal, como Espírita.

Aqui, a manchete grita sobre um suicídio.

Não verbere contra quem faliu, soterrado pelo acúmulo de tentações, reeditando um ato do passado. Busque, isto sim, descobrir as causas que induzem às quedas e ore pelos que desfaleceram à frente de provas maiores.

Ali, o noticiário de agitações.

Não censure agitadores nem dramatize as aparentes origens de conturbações sociais, como que ignorando estarmos numa fase de transição. Atualmente, milhares de almas perturbadas, libertas por acréscimo de Misericórdia das regiões de dor maior, voltam à ribalta do mundo para regenerar-se.

Acolá, imagens e relatos de batalhas.

Não parta, a priori, odiando as facções em lutas fratricidas ou distribuindo acusações impensadas sobre os contendores. A guerra, você sabe, é a explosão do rancor, desintegrado pelos raios virulentos do egoísmo e do orgulho, e suas vibrações de revolta tão somente adensam as nuvens das tempestades morais que varrem continentes.

Além, avinagram a conduta marginal.

Não repita o gesto da pudica ignorância, nem destile ácido, por ter concluído que o mundo esteja irremediavelmente comprometido. Entre os que se marginalizam, iludidos pelas promessas de vida livre, alistam-se almas que já foram seus parentes, filhos, amigos e até comparsas das aventuras de seu pretérito, necessitados todos do amor de Jesus para redimir-se.

Kardec, assim como Jesus, nunca fugiu da existência.

Encarou-a, frente a frente, com destemor, analisando-a com as lupas poderosas do Espiritismo-cristão. Por isso, os seus compêndios doutrinários, assim como o Evangelho, são profundamente úteis, atuais, práticos, identificando-se com os seus problemas, sem condenar e sem desconhecer o mundo em que você vive, a fim de soerguê-lo para os legítimos conceitos de Vida Eterna.

Reajuste espiritual

Capítulo 60

Obreiro do Espiritismo, você é alma em recuperação.

Seu ingresso, há maior ou menor tempo, nas fileiras doutrinárias e sua dedicação extremada, até exaustiva, aos campos assistenciais não significam emblema de santificação.

Você desfruta da oportunidade do serviço redentor.

Nem sempre, porém, você conseguirá mostrar-se desembaraçado da personalidade secularmente cristalizada. Sob ação do passado, vez por outra, você procurará amoldar as coisas segundo as suas preferências particularistas. Assim, a atividade espírita significará o princípio, e não o atestado de equilíbrio espiritual.

Ninguém está a salvo da manifestação de pendores menos felizes. No aflorar dessas tendências ainda não modificadas, você poderá ter comportamentos conflitantes com os princípios que esposa, descarregando sobre amigos e companheiros um acúmulo de problemas de solução difícil.

O mesmo desajuste pode aflorar no próximo.

Quase natural, nesta etapa que você atravessa, que os sintomas da enfermidade espiritual de um dos companheiros coloque quase todo o conjunto em estado de pânico, propalando o mal. Comentários em torno da ocorrência se fazem inevitáveis e, sem que você perceba, poderá cair na maledicência, agravando a ocorrência.

Auxilie a sustar o desajuste da equipe.

Com paciência, sem conturbação extemporânea, compreenda que, em toda a manifestação de desequilíbrio, você está sendo convocado a utilizar os recursos da desobsessão a favor dos encarnados. Sem que você tome uma posição definida da realidade, não conseguirá amainar a tempestade sem comprometer a embarcação coletiva, nos mares da vida.

Relembre a necessidade da prece.

Finde as anotações acrimoniosas.

Faça-se um esclarecedor de desobsessão de encarnados, estabelecendo contato particular com quem se enredou nas malhas dos enganos. Na presença do amigo perturbado, pondere com carinho, descobrindo com muito tato os caminhos que permitirão seja a sua alma alcançada.

Torne-se discreto.

Não olvide que, diante do quadro de envolvimento infeliz dos componentes das fileiras doutrinárias, você terá de desdobrar-se para atendê-los com a mesma respeitosa caridade moral que oferta aos que se encontram no outro plano da vida. E, convém não esquecer, não poderá você exigir de ninguém um comportamento de anjos, porque nem todos os que se ilustram com o Espiritismo já conseguiram cristianizar o próprio coração.

Fuja de usar franqueza rude.

Tolerância, sem transigência: amor, sem acomodação; indulgência sempre, sem ferir o conjunto; ouvidos, para todas as razões alinhadas; suportar um ao outro com paciência, sem endosso de aspirações vãs.

Se apesar de todas as providências de socorro Espírita-cristão o obreiro voluntarioso afastar-se do trabalho, não se amofine. Continue a orar por ele. Cada um segue o rumo de suas preferências, na lei das afinidades fluídicas, ensaiando para, no porvir, ajustar-se ao Evangelho de Jesus.

Haja em você

Capítulo 61

Você anseia realizar-se.

Não raro ainda condicionado à Espiritualidade menos feliz, por repetidas existências a braços com o erro, você aceitou o Espiritismo como Religião. Atropela-se, porém, em si mesmo, adicionando aos postulados que professou as suas próprias ideias, os seus desejos, as suas paixões, procurando apropriá-los ao seu modo particular de ser.

Afirma-se ardoroso propagador do Bem – e o traz apenas na superfície dos lábios, sem interiorizar-lhe as noções e sem renovação de personalidade. Pouco esforço emprega para beneficiar o seu próximo.

Alardeia-se amigo do comportamento Evangélico – contudo, não deixa de seguir o rumo traçado por multidões enlouquecidas e, contrariamente a ser a expressão de novos caminhos, ajusta-se com os que não sabem para onde vão.

Quer fazer-se reconhecido pela piedade e pela fraternidade legítimas – porém se assenhoreia da mediunidade e da titulação religiosa que abraçou para, ao revés de servir, servir-se dos meios nobres de intercomunicação espiritual na corporificação de projetos menos sadios.

Diz: Senhor, Senhor!

Evita, todavia, ajustar-se aos programas divinos, cuja plataforma é a regeneração moral da Humanidade como único caminho, como única verdade, como único objetivo, tentando moldar as revelações sublimes às suas paixões pessoais.

Criaturas tais são dignas de comiseração.

São agitadores, não trabalhadores.

São estranhos, ocupando a posição de pastores da alma ou representantes da fé, nos quais o coração se encontra distante dos lábios e cujo comportamento – sem caridade e sem amor pelos seus próprios princípios – são como o das árvores que não produzem, mas que servirão de lenho no braseiro da renovação.

Examine-se, pois.

Não se transforme em empreiteiro de má obra.

Haja em Você:

– mais atividade benéfica e menos agitação;

– mais construção nobre e menos planos.

– mais vivência doutrinária e menos espera de um mundo melhor, que só nascerá do esforço de sua reforma íntima;

– mais atendimento e menos ânsia de proselitismo.

– mais compreensão do programa de Jesus e menos imposição de seus programas particularistas;

– mais renúncia, expressa no esquecimento de si mesmo, e menos desejo de autoridade e mando.

O legítimo servo é o que mais serve.

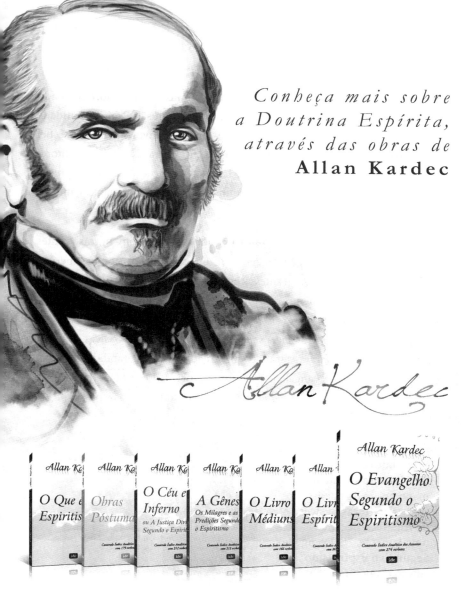

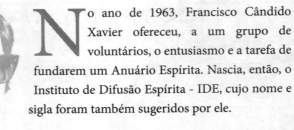

No ano de 1963, Francisco Cândido Xavier ofereceu, a um grupo de voluntários, o entusiasmo e a tarefa de fundarem um Anuário Espírita. Nascia, então, o Instituto de Difusão Espírita - IDE, cujo nome e sigla foram também sugeridos por ele.

A partir daí, muitos títulos foram sendo editados, e o Instituto de Difusão Espírita, entidade assistencial sem fins lucrativos, mantém-se fiel à sua finalidade de divulgar a Doutrina Espírita através da IDE Editora, tendo como foco principal as Obras Básicas da Codificação, sempre a preços populares, além dos seus mais de 300 títulos em português e espanhol, muitos psicografados por Chico Xavier.

O Instituto de Difusão Espírita conta também com outras frentes de trabalho, voltadas à assistência e promoção social, como albergue noturno, acolhimento de migrantes, itinerantes, pessoas em situação de rua, acolhimento e fortalecimento de vínculos para mães e crianças, oficinas de gestantes, confecção de enxovais para recém-nascidos, fraldas descartáveis infantis e geriátricas, assistência à saúde e auxílio com cestas básicas, leite em pó, leite longa vida, para as famílias em situação de vulnerabilidade social, além dos trabalhos de evangelização infantil, mocidade espírita, artes (teatro, música, dança, artes plásticas e literatura), cursos doutrinários e passes.

Este e outros livros da **IDE Editora** subsidiam a manutenção do baixíssimo preço das **Obras Básicas, de Allan Kardec**, mais notadamente, "O Evangelho Segundo o Espiritismo", edição econômica.

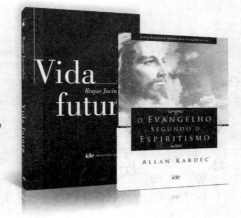

LUZ NO LAR

A **Luz no Lar**, conhecida por divulgar a Doutrina Espírita por meio das obras do renomado autor Roque Jacintho, que, com seu brilho e clareza, despertou a imaginação e ampliou o conhecimento de crianças, jovens e adultos, é um departamento do *Núcleo de Estudos Espíritas "Amor e Esperança"*.

Essa instituição, sem fins lucrativos, foi fundada há mais de 16 anos e tem por objetivo divulgar a Doutrina Espírita, por meio do estudo e da prática de acolhimento, principalmente entre os mais necessitados. Sua missão é amparar e promover o desenvolvimento de todos os seus voluntários e assistidos.

Atualmente, o Núcleo é composto por vários departamentos, que respondem por atividades e projetos, com foco na criança e adolescente, bem como no fortalecimento de vínculo com familiares. Entre as atividades, citam-se: a evangelização infantil, reforço escolar, cursos livres de informática e inglês, teatro, acolhimento e ajuda material às famílias, orientação educacional a gestantes (com distribuição de enxoval, leite em pó e alimentos) e oficina de artesanato.

Todas as ações são voltadas para ampliar o conhecimento e resgatar a autoestima e cidadania dos participantes.

Além disso, o *Núcleo de Estudos Espíritas* desenvolve amplo programa de orientação e tratamento espiritual, ensino e prática do Evangelho no Lar e formação de grupos de estudos da Doutrina Espírita. Todas as atividades são gratuitas e abertas ao público.

Ainda na área doutrinária, é também responsável pelo periódico *Seareiro*, de distribuição gratuita e publicação trimestral, cuja finalidade é expandir o alcance da Doutrina Espírita.

Todos os recursos provenientes dos livros produzidos pela **Luz no Lar** destinam-se à manutenção das atividades do *Núcleo de Estudos Espíritas "Amor e Esperança"*, que se localiza na Rua dos Marimbás, 220 – Vila Guacuri, na cidade de São Paulo.

Conheça mais sobre a instituição e seus livros, visitando nossos sites: www.espiritismoeluz.org.br e www.luznolar.com.br, ou entre em contato conosco pelo telefone: (11) 2758-6345.

Leia também

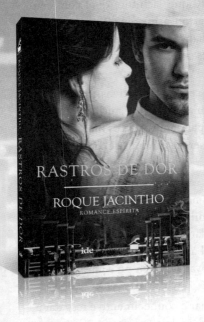

RASTROS DE DOR

ROQUE JACINTHO
ROMANCE ESPÍRITA

Século XVI (Espanha): os desvarios de Joana, a Rainha Louca; o sofrimento na casa dos Castilhos, com a trágica morte de Dom Fernando; o drama de Domingues, o curandeiro cristão, condenado injustamente pelo Tribunal da Inquisição; a traição e as maldades de um clérigo sedento de riqueza e poder...

Século XVIII (Espiritualidade): a difícil luta pelo refazimento; o auxílio aos que se encontravam perdidos nos abismos, vítimas de si mesmos, sofrendo nas Cavernas da Dor; o reencontro entre os personagens, um compromisso assumido...

Século XX (Brasil): em novo corpo; com incompreendidos e estranhos pressentimentos; lado a lado, vítimas e algozes tentando transpor as barreiras do infortúnio e da dor, para restabelecerem o equilíbrio; com o auxílio daqueles que muito os amam!

Somente o trabalho no bem possui a força de nos transformar, fortalecendo os vínculos com os que se empenham em nosso auxílio.

CONHEÇA OUTROS LIVROS DE
ROQUE JACINTHO

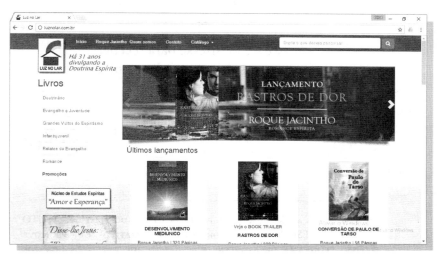

LUZNOLAR.COM.BR
ACESSE O SITE

ideeditora.com.br

*

Acesse e cadastre-se para receber
informações sobre nossos lançamentos.

twitter.com/ideeditora
facebook.com/ide.editora
editorial@ideeditora.com.br

ide

IDE Editora é apenas um nome fantasia utilizado pelo INSTITUTO DE DIFUSÃO ESPÍRITA, entidade sem fins lucrativos, que promove extenso programa de assistência social, e que detém os direitos autorais desta obra.